삼양그룹

인적성검사

(인성 + 적성 + 한국사 및 한자)

삼양그룹
인적성검사 (인성 + 적성 + 한국사 및 한자)

초판 인쇄	2019년 10월 21일
개정1판 발행	2022년 4월 29일

편 저 자	|	취업적성연구소
발 행 처	|	㈜서원각
등록번호	|	1999-1A-107호
주 소	|	경기도 고양시 일산서구 덕산로 88-45(가좌동)
교재주문	|	031-923-2051
팩 스	|	031-923-3815
교재문의	|	카카오톡 플러스 친구[서원각]
영상문의	|	070-4233-2505
홈페이지	|	www.goseowon.com
책임편집	|	김수진
디 자 인	|	이규희

우리나라 기업들은 1960년대 이후 현재까지 비약적인 발전을 이루었다. 이렇게 급속한 성장을 이룰 수 있었던 배경에는 우리나라 국민들의 근면성 및 도전정신이 있었다. 그러나 빠르게 변화하는 세계 경제의 환경에 적응하기 위해서는 근면성과 도전정신 이외에 또 다른 성장 요인이 필요하다.

한국기업들은 지속가능한 성장을 하기 위해 혁신적인 제품 및 서비스 개발, 선도 기술을 위한 R&D, 새로운 비즈니스 모델 개발, 효율적인 기업의 합병·인수, 신사업 진출 및 새로운 시장 개발 등 다양한 대안을 구축해 볼 수 있다. 하지만, 이러한 대안들 역시 훌륭한 인적자원을 바탕으로 할 때에 가능하다. 때문에 최근 기업체들은 자신의 기업에 적합한 인재를 선발하기 위해 기존의 학벌 위주의 채용에서 탈피하여 기업 고유의 인·적성검사 제도를 도입하고 있다.

삼양그룹에서도 업무에 필요한 역량 및 책임감과 적응력 등을 구비한 인재를 선발하기 위하여 고유의 인적성검사를 치르고 있다. 본서는 삼양그룹 채용대비를 위한 필독서로 삼양그룹의 인적성검사 출제경향을 철저히 분석하여 응시자들이 보다 쉽게 시험유형을 파악하고 효율적으로 대비할 수 있도록 구성하였다.

신념을 가지고 도전하는 사람은 반드시 그 꿈을 이룰 수 있습니다. 처음에 품은 신념과 열정이 취업 성공의 그 날까지 빛바래지 않도록 서원각이 수험생 여러분을 응원합니다.

STRUCTURE

01 언어추리

01 인성검사의 이해

02 실전 인성검

적성검사

영역별로 출제유형을 반영한 문제를 다수 수록하여 실제 시험에 대한 준비를 보다 효과적으로 할 수 있습니다.

한국사 및 한자평가

다양한 유형의 예상문제를 상세한 해설과 함께 수록하여 충분한 연습을 통해 실전에 대비할 수 있습니다.

인성검사 및 면접

인성검사의 개요와 실전 인성검사로 인성검사를 대비할 수 있습니다. 또한 면접의 기본과 면접기출을 수록하여 취업의 마무리까지 준비할 수 있습니다.

CONTENTS

PART I 기업소개 및 채용안내

01 삼양그룹 소개 ·· 8
02 채용안내 ·· 10

PART II 적성검사

01 언어비평 ·· 14
02 수리비평 ·· 54
03 연역적 판단 / 도식적 추리 ·· 78

PART III 한국사 및 한자평가

01 한국사 ·· 118
02 한자 ·· 142

PART IV 인성검사

01 인성검사의 이해 ·· 164
02 실전 인성검사 ·· 186

PART V 면접

01 면접의 기본 ·· 214
02 면접기출 ·· 231

PART

I

기업소개 및 채용안내

01 삼양그룹 소개
02 채용안내

01 삼양그룹 소개

(1) 그룹소개 ··· 화학, 식품, 의약바이오, 패키징 사업으로 미래성장동력을 만들어 가다.

① 1924년 김연수 회장이 창업한 이래 정도경영과 신뢰경영을 실천하며 꾸준히 진화해 왔다. 한국 경제 발전 초창기에는 제당, 제분, 화섬 사업 등으로 국민의 의식주 해결과 국가 경제 발전에 기여했다.

② 현재는 '생활을 풍요롭고 편리하게 하는 기업'이라는 비전을 수립하고 화학 및 식품 소재, 패키징, 의약바이오 사업을 중심으로 글로벌 진출, 스페셜티 제품 개발, 신사업을 적극 추진해 사업 포트폴리오를 고도화 하고 있다.

③ 지주회사 삼양홀딩스 : 각 사업군별 특성에 따라 신속하고 전문적인 의사결정이 가능한 지배구조 체제를 확립하고 경쟁력을 높여 전문화된 사업영역에 기업의 역량을 집중한다.

삼양홀딩스	화학사업	삼양사(화학), 삼남석유화학, 삼양화성, 삼양이노켐, 삼양화인테크놀로지, 삼양공정소료(상해)유한공사, 삼양EP형가리, KCI
	식품사업	삼양사(식품)
	패키징사업	삼양패키징
	의약바이오사업	삼양홀딩스 바이오팜그룹(부문), 삼양바이오팜 USA
	개별사업	삼양데이타시스템, 삼양사(H&B)

(2) 비전 ··· 생활을 풍요롭고 편리하게 하는 기업

Goal		전사전략		삼양가치
• 핵심사업의 견고한 성장 달성 • 신사업분야 미래 성장 플랫폼 확보	+	• 선택과 집중 • 핵심시장 내 선도적 시장 지위확보 • 신성장동력 기반 구축 • 혁신을 통한 차별화	+	신뢰, 도전, 혁신, 인재 + 고객중심, 성과중심

(3) 삼양가치 … 모든 삼양인이 공유해야 하는 사고방식 및 행동의 기준

신뢰	구성원 간 서로를 존중하고 투명한 기업 활동과 사회공헌을 통하여 사회와 고객으로부터 신뢰를 얻는다. • 열린 마음으로 다양성을 인정하고 서로를 존중한다. • 고객의 입장에서 생각하고, 일한다. • 회사 내 정보를 직원들과 효과적으로 공유한다. • 원칙에 따라 일관성 있게 행동한다.
도전	'할 수 있다'는 긍정적 사고와 '반드시 하겠다'는 진취적 태도로 새로운 사업 발굴과 성공을 위해 지속적으로 도전한다. • 성공의 가능성이 보이면 과감하게 시도한다. • 성공은 물론 실패를 통해서도 배운다. • 최고가 되고자 하는 열정을 가지고 임무를 완수한다. • 신중하게 의사결정하고 신속하게 실천한다.
혁신	생산적인 문제의식과 끊임없는 혁신활동으로 제품과 서비스의 경쟁력을 확보하여 시장을 선도한다. • 관행에 얽매이지 않고 새로운 방식을 추구한다. • 문제를 발견하면 끝까지 원인을 찾아 해결한다. • 창의적인 생각과 아이디어를 수용하고 장려한다. • 고객의 요구에 앞서 내가 남보다 먼저 변화한다.
인재	회사는 경쟁력의 근원인 인재를 발굴하고 육성하며, 구성원 스스로는 자기개발에 최선을 다하여 회사와 함께 성장한다. • 조직 목표에 맞는 자신의 비전을 갖는다. • 최고가 되기 위해 스스로를 개발한다. • 서로의 지식을 공유하여 시너지를 창출한다. • 끊임없이 인재를 발굴하고 육성한다.
고객 중심	고객을 기업 생존의 근간으로 인식하고, 고객의 요구에 부응한 차별화된 가치제공으로 최고의 고객만족을 이끌어 낸다. • 고객의 입장에서 생각하고 말한다. • 고객의 뜻을 모든 의사결정의 기준으로 삼는다. • 고객이 제기한 이슈에 대해 창조적인 해결책을 찾기 위해 노력한다. • 고객 요구에 신속하게 대응할 수 있는 역량을 갖춘다.
성과 중심	구성원은 회사의 목표 달성을 위해 열심히 일하고, 회사는 그 성과에 대해 공정한 평가와 차별화된 보상을 한다. • 성과 창출을 위해 스스로 노력하고 끝까지 최선을 다한다. • 회사 성과를 높이기 위해 실행력을 강화한다. • 평가자는 업무 성과에 대해 객관적이고 합리적으로 평가한다. • 성과가 뛰어난 사람이 높은 보상과 인정을 받는 것을 긍정적으로 받아들인다.

02 채용안내

(1) 삼양HR

① 인재상

성실		유연		성장
公과 私를 명확히 구분하고, 회사와 일에 스스로 몰입하는	+	열린 마음으로 소통하고 변화를 긍정적으로 받아들이는	+	현재에 머무르지 않고, 배우는 것을 즐기며
성실한 人材		유연한 人材		스스로 성장하는 人材

② 직무중심인사제도

    ㉠ 개별 직무의 가치와 성과에 따른 인사제도를 운영하여 임직원과 기업의 성장을 도모

    ㉡ 직무에 따른 보상＋직무등급에 의한 직급체계＋전략과 연계강화

③ 신입사원 육성제도 : 삼양입문과정, OJT(On the Job Training)교육, 멘토링

(2) 2022 상반기 대졸 신입사원 모집 안내

지원자격	• 2022년 7월 입사 가능자(2022년 8월 졸업예정자 포함) • 해외여행에 결격사유가 없는 자 • 남성의 경우 군필자 또는 면제자 • 공인 영어말하기 성적보유자(OPic 및 TOEIC SPEAKING에 한함) 　-TOEIC SPEAKING 110점 또는 OPic IL 이상 　-서류접수 마감일 기준 2년 이내 유효 성적에 한함 　※ 해외대(영어권)의 경우 영어성적없이 지원 가능
지원방법	삼양그룹 홈페이지 '채용관(www.samyang.com/Recruit)'을 통해 접수
전형절차	서류전형 → 인(적)성검사 → 직무적성면접 → 인성면접 → 최종합격/입사

① 자기소개서 항목

　㉠ 삼양그룹에 지원하게 된 동기(600자)

　㉡ 본인이 지원하는 직무를 잘할 수 있는 차별화된 역량과 그에 관련된 경험 3가지(800자)

　㉢ 자신이 수행했던 일 중 가장 도전적인 활동(600자)

　㉣ 기존의 방식을 개선하여 새로운 혁신을 실행했던 활동(600자)

　㉤ 입사 후 10년 내에 이루고자 하는 목표와 이를 달성하기 위한 계획 2가지(800자)

② 인적성검사(온라인)

　㉠ 인성검사

　㉡ **적성검사** : 언어 비평, 수리 비평, 연역적 판단(자연 · 이공계열)/도식적 추리(인문 · 상경 계열)

　㉢ **한국사/한자** : 각 10문항, 총 20문항 / 20분

PART

II

적성검사

01 언어비평
02 수리비평
03 연역적 판단 / 도식적 추리

01 언어비평

▮1~40▮ 주어진 지문을 읽고 문제에 제시된 문장이 참이면 ①, 거짓이면 ②, 지문의 내용을 통해 알 수 없으면 ③을 선택하시오.

1

> 태즈메이니아 주머니 너구리 또는 태즈메이니아 데빌은 유대류의 주머니고양이목의 동물로, 태즈메이니아 산 주머니 곰이라고도 한다. 털색은 보통 검은색 또는 암흑다색 바탕이며, 앞가슴에 흰색 달 모양 무늬가 있으며, 목·어깨 등에 작은 흰색 무늬가 있다. 기분 나쁜 울음소리 때문에 '데빌'(악마)이라는 이름이 붙었다. 태즈메이니아 데빌은 주로 오스트레일리아 태즈메이니아 섬에 분포하며, 전반적으로는 북동부에 많다. 이 동물은 건조한 숲과 나무가 많은 곳을 좋아하며 가끔씩 도로 주변에서도 발견된다.

1-1 태즈메이니아 데빌은 그 울음소리로 인해 '데빌'이란 이름이 붙었다. ① ② ③

1-2 태즈메이니아 데빌은 현재 멸종 위기 종으로 분류되어 있다. ① ② ③

1-3 태즈메이니아 데빌은 오스트레일리아 태즈메이니아 섬에 분포하며 태즈메이니아 주머니 너구리 또는 태즈메이니아 산 주머니 곰이라고도 부른다. ① ② ③

✔해설 1-1. 태즈메이니아 데빌은 기분 나쁜 울음소리 때문에 '데빌'(악마)이라는 이름이 붙었다.
1-2. 위 글을 통해서는 알 수 없다.
1-3. 태즈메이니아 데빌은 주로 오스트레일리아 태즈메이니아 섬에 분포하며, 전반적으로는 북동부에 많다. 그리고 태즈메이니아 주머니 너구리 또는 태즈메이니아 산 주머니 곰이라고도 한다.

2

> 8월 10일 미국 샌디에이고 주립대 연구진은 지구에서 약 1400광년 떨어진 거문고자리에서 두 개의 태양 주위를 도는 행성 '케플러-453b'를 발견했다. 케플러-453b는 무게가 지구의 17배가 넘고 직경은 지구의 6.2배나 된다. 태양계로 치면 목성과 같은 덩치가 큰 가스형 행성이라 생명체가 존재할 가능성은 없다. 연구팀은 케플러-453b가 우리 태양의 94%, 20% 크기의 두 항성을 지구날짜로 240일 주기로 공전한다는 사실을 알아냈다. 두 개의 태양이 행성에 어떤 영향을 미치는지에 대해서는 추가 연구를 통해 알아낼 계획이다.

2-1　케플러-453b는 두 개의 태양 주위를 돌고 있다.　① ② ③

2-2　케플러-453b는 우리 태양의 약 94%, 80% 크기의 두 항성을 지구 날짜로 240일 주기로 공전한다.　① ② ③

2-3　케플러-453b는 무게가 지구의 17배가 넘고 직경은 지구의 6.2배나 되는 가스형 행성으로 생명체가 존재할 가능성이 없다.　① ② ③

> **✔ 해설** 2-1. 케플러-453b는 지구에서 약 1400광년 떨어진 거문고자리에 있으며 두 개의 태양 주위를 도는 행성이다.
> 2-2. 케플러-453b는 우리 태양의 약 94%, 20% 크기의 두 항성을 지구 날짜로 240일 주기로 공전한다.
> 2-3. 케플러-453b는 무게가 지구의 17배가 넘고 직경은 지구의 6.2배나 된다. 이 행성은 태양계로 치면 목성과 같은 덩치가 큰 가스형 행성이라 생명체가 존재할 가능성은 없다.

Answer ┌→ 1-1.① 1-2.③ 1-3.① 2-1.① 2-2.② 2-3.①

3

빙설기후는 지구 양극에 해당하는 지역에 나타나는데 북반구의 그린란드 내륙과 남반구의 남극대륙이 이에 해당한다. 이 기후는 만년설로 뒤덮여 빙하를 이루기 때문에 빙관기후(Ice cap climate)라고도 불리며 지구의 모든 기후구 중 가장 혹독한 기후구에 속한다. 엄청 낮은 기온과 강한 폭풍이 대표적인 현상이다. 낮은 기온은 빙설로 인한 복사냉각과 함께 해발고도(남극의 평균고도는 2,200m)가 높기 때문이다. 가장 더운 달에도 평균기온이 0도 이하를 보인다. 최한월 평균기온은 영하 51도에서 영하 34도에 이른다. 강한 바람은 급격히 냉각된 중력풍 때문에 생긴다. 남극대륙에서 부는 강력한 폭풍인 블리자드(blizzard)가 좋은 예다. 또한 이 기후대는 지상 고기압이 발달하여 공기가 건조하고 안정적이다. 강수량은 연간 130mm 이하로 사막기후와 비슷하다. 낮은 기온과 건조함으로 인해 식생이 거의 자라지 못한다. 빙설기후지역에 해당하는 북극과 남극의 지리환경을 살펴보면 북극지역은 북미와 유라시아 대륙으로 둘러싸인 해양이다. 통상 북위 66도 이상의 북극권을 말하며 다른 말로 산림성장 한계선, 빙하 남하 한계선, 영구 동토선 이북 등을 지칭하기도 한다. 기후 구분으로는 7월 평균기온이 10℃인 등온선 이북 지역을 말한다. 북극해의 면적은 1,200만㎢로 지중해의 4배 정도이고 평균 수심은 1,200m이다. 그리고 연중 두꺼운 얼음으로 덮여 있다. 하지만 최근에는 지구온난화로 인해 여름철에 얼음이 녹는 지역이 점차 늘어나고 있다. 남극은 남극해로 둘러싸여 있는 대륙으로 대륙 면적은 약 1,310만㎢(한반도의 60배) 정도이다. 남극 대륙 전체 면적의 98% 정도가 두꺼운 얼음과 눈으로 덮여 있다. 이러한 북극과 남극의 가장 큰 차이는 북극은 바다이고, 남극은 대륙이라는 점이다.

3-1 빙설기후는 엄청 낮은 기온과 강한 폭풍이 대표적인 현상으로 최한월 평균기온은 영하 80도에서 영하 51도에 이른다. ① ② ③

3-2 최근 지구 온난화로 인해 북극해와 남극대륙의 면적이 빠른 속도로 줄어들고 있어 국제적인 노력이 시급하다. ① ② ③

3-3 북극과 남극의 가장 큰 차이는 북극은 대륙이고 남극은 바다라는 점이다. ① ② ③

✔해설 3-1. 빙설기후는 엄청 낮은 기온과 강한 폭풍이 대표적인 현상으로 최한월 평균기온은 영하 51도에서 영하 34도에 이른다.
3-2. 위 지문을 통해서는 알 수 없다.
3-3. 북극과 남극의 가장 큰 차이는 북극은 바다이고 남극은 대륙이라는 점이다.

4

최근 화석연료의 고갈 그리고 화석연료의 사용에 따른 지구온난화 등에 따라 재생가능에너지(renewable energy)의 중요성과 비중이 점차 높아지고 있다. 재생가능에너지란 자연 상태에서 만들어진 에너지를 일컫는데, 태양에너지, 풍력에너지, 수력에너지, 지열에너지, 생물자원에너지, 조력에너지, 파도에너지 등이 그것이다. 그러나 대부분의 재생가능에너지는 태양에너지의 변형이므로 그 양이 한정되어 있고 태양에너지의 영향을 크게 받는다. 하지만 그럼에도 불구하고 지열에너지는 재생가능에너지 중 태양에너지의 영향을 크게 받지 않는 편에 속한다. 지열(地熱)에너지는 지구가 가지고 있는 열에너지를 지칭하는데 지열에너지의 근원은 지구내부에서 우라늄, 토륨, 칼륨과 같은 방사성 동위원소가 붕괴하면서 내는 열(약 83%)과 지구 내부 물질에서 방출하는 열(약 17%)로 이루어져 있다. 지표에서 지하로 내려갈수록 지온은 상승하는데, 지하 10Km까지의 평균 지온증가율은 약 25~30도/km이다. 한편, 지구내부에서 맨틀대류에 의한 판의 경계에서는 100도 이상의 고온 지열지대가 존재하며 따라서 대부분의 지열 발전소는 판의 경계에 위치하고 있다.

4-1   지열에너지는 재생가능에너지 중에서도 특히 태양에너지의 영향을 상대적으로 덜 받기 때문에 재생가능에너지 중 활용비율이 가장 높다.   ① ② ③

4-2   지열에너지는 지구내부에서 방사성 동위원소가 붕괴하면서 내는 열과 지구에서 반사되는 태양복사에너지로 이루어져 있다.   ① ② ③

4-3   맨틀대류에 의한 판의 경계에서는 100도 이상의 고온 지열지대가 존재하며 따라서 우리나라에 있는 대부분의 지열 발전소는 모두 판의 경계에 위치하고 있다.   ① ② ③

> **해설** 4-1. 위 지문을 통해서는 알 수 없다.
> 4-2. 지열에너지의 근원은 지구내부에서 우라늄, 토륨, 칼륨과 같은 방사성 동위원소가 붕괴하면서 내는 열(약 83%)과 지구 내부 물질에서 방출하는 열(약 17%)로 이루어져 있다.
> 4-3. 위 지문을 통해서는 알 수 없다.

Answer↱ 3-1.② 3-2.③ 3-3.② 4-1.③ 4-2.② 4-3.③

5

　　금융거래는 자금공급자로부터 자금수요자로 자금이 이동하는 형태에 따라 직접금융과 간접금융으로 구분된다. 직접금융은 자금수요자가 자기명의로 발행한 증권을 자금공급자에게 팔아 자금공급자로부터 자금을 직접 조달하는 거래이고, 간접금융은 은행과 같은 금융 중개 기관을 통하여 자금이 공급자에게서 수요자에게로 이동되는 거래이다. 직접금융의 대표적인 수단으로 주식·채권 등이 있으며 간접금융거래의 대표적인 수단으로 예금과 대출 등이 있다. 간접금융 또는 주거래은행제도는 다음과 같은 특징을 지닌다. 첫째, 은행과 고객기업 간에는 장기적 거래관계가 있다. 둘째, 은행은 고객기업의 결제구좌의 보유나 회사채 수탁업무 등을 통해 시장이나 다른 금융기관이 입수하기 힘든 기업의 내부정보를 얻어 동 기업이 일시적인 경영위기에 봉착했는가 아니면 근본적인 경영파산 상태에 빠져 있는가 등을 분별해낼 수 있다. 셋째, 은행은 위와 같은 기업 감시 활동을 통해 근본적인 경영파산 상태에 놓인 기업을 중도에 청산시키거나 계속기업으로서 가치가 있으나 일시적인 경영위기에 봉착한 기업을 구제할 수 있다. 그 외에도 은행은 다른 금융기관이나 예금자의 위임된 감시자로서 활동하여 정보의 효율성을 향상시킬 수도 있는데, 상대적인 의미에서 이들은 직접금융을 위주로 하는 시장지향형 경제시스템에서 흔치 않은 경험적 사실이라 하겠다.

5-1　　금융거래는 자금 이동 형태에 따라 직접금융과 간접금융으로 구분된다. ① ② ③

5-2　　직접금융의 대표적인 수단으로 예금과 대출 등이 있으며 간접금융거래의 대표적인 수단으로 주식·채권 등이 있다. ① ② ③

5-3　　과거 우리나라 기업의 자금조달 방식을 살펴보면, 주요 선진국에 비해 간접금융이 차지하는 비중이 높았다. ① ② ③

　✔해설　5-1. 금융거래는 자금공급자로부터 자금수요자로 자금이 이동하는 형태에 따라 직접금융과 간접금융으로 구분된다.
　　　　5-2. 직접금융의 대표적인 수단으로 주식·채권 등이 있으며 간접금융거래의 대표적인 수단으로 예금과 대출 등이 있다.
　　　　5-3. 위 지문을 통해서는 알 수 없다.

6

거란도는 발해시대의 주요 대외교통로로서 「신당서」 발해전에는 수도인 상경을 중심으로 하여 각 방면에 이르는 교통로를 설명하고 있는데 그 가운데 부여부는 거란으로 가는 길이라고 하였다. 요나라의 태조가 발해를 공격할 때 먼저 부여성을 함락시킨 뒤 홀한성을 공격한 것이라든가, 부여부에는 항상 날랜 병사를 주둔시켜 거란을 방비하였다는 「신당서」의 기록들로 말미암아 발해와 거란의 교통에는 반드시 부여부를 거쳐야 함을 나타낸 것이다. 그 구체적인 경로는 상경에서 숭령을 지나 부여부에 이르고 여기에서 다시 몇 개의 지역을 거친 다음 거란의 도성인 임황(지금의 임동현)에 이르게 된다. 그러나 부여부에서 임황에 이르는 경로에 대해서는 여러 가지 견해가 있는데 이는 학자마다 부여부의 위치를 서로 다른 곳으로 추정하고 있기 때문이다.

6-1 부여부는 발해에서 거란으로 가는 발해시대 주요 대외교통로 중 하나이다. ① ② ③

6-2 부여부에서 거란의 도성인 임황으로 가는 경로에 대해서는 여러 가지 견해가 있는데 이는 그만큼 발해와 거란과의 무역이 활발했음을 보여주는 증거이다. ① ② ③

6-3 거란도에 대한 기록은 「신당서」 발해전에서만 찾을 수 있다. ① ② ③

✔ 해설 6-1. 「신당서」 발해전에는 수도인 상경을 중심으로 하여 각 방면에 이르는 교통로를 설명하고 있는데, 그 가운데 부여부는 거란으로 가는 길이라고 하였다.

6-2. 부여부에서 임황에 이르는 경로에 대해서는 여러 가지 견해가 있는데, 이는 학자마다 부여부의 위치를 서로 다른 곳으로 추정하고 있기 때문이다.

6-3. 위 지문을 통해서는 알 수 없다.

Answer ⤷ 5-1.① 5-2.② 5-3.③ 6-1.① 6-2.② 6-3.③

7

> 가락바퀴는 '방주차'라고도 하며 신석기 시대에서 청동기 시대에 걸쳐 사용된 원시적인 방적구 중 하나이다. 즉 짧은 섬유의 경우는 섬유를 길게 이으며 뒤 꼬임을 주어 실을 만들고 긴 섬유의 경우는 꼬임만을 주어 실을 만드는 방적구의 가장 원시적인 형태라고 할 수 있다. 우리나라에서는 황해도 봉산군 문정면 지탑리, 평안남도 용강군 해운면 궁산리, 강원도 양양군 손양면 오산리, 한강 중류의 여주시 점동면 흔암리 유적에서 출토되었다. 가락바퀴는 그 중앙에 둥근 구멍이 뚫려 있는데 그 구멍을 통하여 가락바퀴의 축이 될 막대를 넣어 고정시킨 상태로 만들어서 완성시킨다. 막대의 위쪽 끝에는 갈퀴를 만들어 둔다.

7-1   가락바퀴는 중세에 이르러 물레로 발전하였다.   ① ② ③

7-2   가락바퀴는 시대와 장소에 따라 그리고 형태에 따라 다양하게 나타난다.   ① ② ③

7-3   여주시 점동면 흔암리 유적은 가락바퀴가 출토된 곳 중 가장 남쪽에 위치한다.   ① ② ③

> ✔ 해설 7-1. 위 지문을 통해서는 알 수 없다.
> 7-2. 위 지문을 통해서는 알 수 없다.
> 7-3. 위 지문을 통해서는 알 수 없다.

8

봉수는 햇불과 연기로써 급한 소식을 전하던 전통시대의 통신제도로 높은 산에 올라가 불을 피워 낮에는 연기로, 밤에는 불빛으로 신호하는 방식이었다. 봉수제도는 우역제와 더불어 신식우편과 전기통신이 창시되기 이전의 전근대국가에서는 가장 중요하고 보편적인 통신방법이었는데 역마나 인편보다 시간적으로 단축되었고, 신속한 효용성을 발휘하여 지방의 급변하는 민정상황이나 국경지방의 적의 동태를 상급기관인 중앙의 병조에 쉽게 연락할 수 있었기 때문이다. 보통 봉수제는 국가의 정치·군사적인 전보기능을 목적으로 설치되었는데 우리나라에서 군사적인 목적으로 설치된 봉수제가 처음 문헌기록에 나타난 시기는 고려 중기 무렵이다. 이후 조선이 건국되면서 조선의 지배층들은 고려시대 봉수제를 이어받았는데 특히 세종 때에는 종래에 계승되어 온 고려의 봉수제를 바탕으로 하고 중국의 제도를 크게 참고하여 그 면모를 새롭게 하였다. 하지만 이러한 봉수제는 시간이 지날수록 점점 유명무실하게 되었고 결국 임진왜란이 일어나자 이에 대한 대비책으로 파발제가 등장하게 되었다. 봉수는 경비가 덜 들고 신속하게 전달할 수 있는 장점이 있으나 적정을 오직 5거의 방법으로만 전하여, 그 내용을 자세히 전달할 수 없어 군령의 시달이 어렵고 또한 비와 구름·안개로 인한 판단곤란과 중도단절 등의 결점이 있었다. 반면에 파발은 경비가 많이 소모되고 봉수보다는 전달속도가 늦은 결점이 있으나 문서로써 전달되기 때문에 보안유지는 물론 적의 병력 수·장비·이동상황 그리고 아군의 피해상황 등을 상세하게 전달할 수 있는 장점이 있었다.

8-1 봉수제는 조선시대 초기 그 제도가 확립되어 시간이 지날수록 군사적인 측면에서 큰 역할을 하였다. ① ② ③

8-2 봉수제는 국가의 정치·군사적인 전보기능은 물론이고 일반 국민들의 개인적인 의사표시나 서신을 전달할 때도 사용되었다. ① ② ③

8-3 파발은 봉수에 비해 그 내용을 상세하게 전달할 수 있다는 장점이 있었지만 다른 한편으로는 전달속도가 느리다는 단점도 가지고 있다. ① ② ③

✔해설 8-1. 봉수제는 조선시대를 거치면서 그 제도가 확립되었지만 시간이 지날수록 유명무실하게 되어 결국 임진왜란 때는 그 대비책으로 파발제가 등장하게 되었다.
8-2. 위 지문을 통해서는 알 수 없다.
8-3. 파발은 경비가 많이 소모되고 봉수보다는 전달속도가 늦은 결점이 있으나 문서로써 전달되기 때문에 보안유지는 물론 적의 병력 수·장비·이동상황 그리고 아군의 피해상황 등을 상세하게 전달할 수 있는 장점이 있었다.

Answer 7-1.③ 7-2.③ 7-3.③ 8-1.② 8-2.③ 8-3.①

9

> 가마는 조그마한 집 모양으로 생긴 운송수단으로 안에 사람이 들어앉고, 앞뒤에서 두 사람 또는 네 사람이 밑에 붙은 가마채를 손으로 들거나 끈으로 매어 운반한다. 대개 가마뚜껑과 가마바탕 및 가마채로 이루어지고, 여기에 방석이 곁들여진다. 가마의 범주에 드는 것은 연·덩·가교·사인교·보교 등이 있다. 가마가 언제부터 생겨난 것인지는 확실히 알 수 없지만 신라시대 기와에 바퀴 달린 연 비슷한 것이 새겨진 것이나 고구려의 안악3호분 전실 서측 벽에 있는 주인도와 부인도에 호화로운 가마에 앉아 있는 주인과 부인의 모습이 각각 그려져 있는 것으로 보아 이미 삼국시대 이전에 존재했던 것으로 판단된다. 「고려도경」에도 채여·견여 등을 비롯한 고려시대의 가마에 대해 언급되어 있고 조선시대에는 특히 관리들의 품계에 따라 수레나 가마를 타는 데 차등을 두었던 교여지제가 있었다. 이에 따르면, 평교자는 일품과 기로(60세 이상의 노인), 사인교는 판서 또는 그에 해당하는 관리, 초헌은 종2품 이상, 사인남여는 종2품의 참판 이상, 남여는 3품의 승지와 각 조의 참의 이상, 장보교는 하급관원이 탔다. 한편 가마를 타고 대궐의 문 안에까지 들어갈 수 있었던 사람은 삼정승과 조선 말기의 청나라 공사에 한정되었다.

9-1 조선시대 때 60세 이상의 노인들도 평교자를 이용할 수 있었던 사실로 미루어 보아 이 시대가 노인들을 우대했던 사회였음을 알 수 있다. ① ② ③

9-2 조선시대 좌의정은 가마를 타고 대궐의 문 안까지 들어갈 수 있었다. ① ② ③

9-3 「고려도경」을 통해 고려시대에는 관리들의 품계에 따라 수레나 가마를 타는 데 차등을 두었음을 알 수 있다. ① ② ③

✔ 해설 9-1. 위 지문을 통해서는 알 수 없다.
 9-2. 한편 가마를 타고 대궐의 문안에까지 들어갈 수 있었던 사람은 삼정승과 조선 말기의 청나라 공사에 한정되었다. 좌의정은 삼정승에 속한다.
 9-3. 관리들의 품계에 따라 수레나 가마를 타는 데 차등을 둔 것은 조선시대 때의 일이다.

10

가마우지는 가마우지과에 속하는 바닷새로 우리나라에는 가마우지 · 민물가마우지 · 쇠가마우지 등 3종이 알려져 있지만 세계적으로는 30종이 보고되어 있다. 몸 색깔은 암수 흑색에 남녹색의 금속광택이 있고, 부리의 주위에서 눈의 주위는 피부가 노출되어 황색 피부의 노출부의 바깥쪽과 얼굴 및 목은 흰색에 녹흑색의 작은 반점이 있다. 가마우지의 알은 담청색에 반점이 없고 표면은 대부분 백색의 석회질로 덮여 있는데 그 모양은 긴 타원형이다. 가마우지류는 집단으로 번식하고 집단으로 이동하는 사회성이 높은 새로 번식기에는 수컷이 집 재료를 모으고 암컷이 집을 짓는데, 주로 바위 위에 지으며 마른풀이나 해초를 주재료로 쓴다. 산란기는 5월 하순에서 7월로 한배의 산란 수는 4, 5개이다. 먹이는 주로 물고기로 어미가 먹이를 집에 가져오면 새끼는 어미의 입속에 머리를 깊이 박고 꺼내 먹는다. 우리나라 · 일본 · 대만 등지에 분포하며, 우리나라에서는 특히 울릉도와 제주도에 많이 서식한다. 「동의보감」에 의하면 가마우지의 성(性)이 냉하고 유독하므로 뜨거운 물이나 불에 덴 데에 약으로 쓰는데 물가의 돌 위에 똥이 자색의 꽃처럼 되어 있어 이것을 긁어모아 기름에 섞어서 바른다고 하였다. 또, 어린이의 감질(젖먹이의 조절을 잘못하여 체하여 생기는 병)에는 이것을 분말로 갈아서 멧돼지 간을 구워 찍어 먹으면 특효가 있다고 하였다.

10-1 가마우지는 우리나라에서 천연기념물로 지정되어 있다. ① ② ③

10-2 가마우지의 부리는 반점이 없고 표면이 대부분 백색의 석회질로 덮여 있다. ① ② ③

10-3 가마우지는 번식기를 제외하고는 보통 단독생활을 한다. ① ② ③

✔해설 10-1. 위 지문을 통해서는 알 수 없다.
10-2. 반점이 없고 표면이 대부분 백색의 석회질로 덮여 있는 것은 가마우지의 알이다.
10-3. 가마우지류는 집단으로 번식하고 집단으로 이동하는 사회성이 높은 새이다.

Answer → 9-1.③ 9-2.① 9-3.② 10-1.③ 10-2.② 10-3.②

11

가문비나무는 소나무과에 속하는 고산성 상록침엽수로 감비나무 혹은 당회·어린송·삼송 등으로도 불린다. 특히 어린송이란 나무껍질이 고기비늘 모양을 한 데서 붙여진 이름이다. 높이는 40m, 지름은 1m에 달하고 수피는 비늘처럼 벗겨지며 수관은 원추형이다. 잎은 1, 2㎝ 길이로 편평한 선형이며 끝이 뾰족하다. 수꽃은 황갈색, 암꽃은 자줏빛으로 되어있고 그 길이는 15㎜ 정도이다. 열매는 황록색의 타원체로서 밑으로 처지는데 그 길이는 대략 4~7.5㎝로 실편이 떨어지지 않는다. 가문비나무는 높고 추운 곳이 아니면 좀처럼 살기 힘든 식물로 해발고도 500~2,300m까지의 산지에서 자생하며 전나무·잣나무와 함께 북쪽의 상록침엽수림을 구성하는 나무이다. 이 나무는 민족항일기 이전에는 풍부한 목재자원을 이루고 있었으나, 일본의 수탈로 많이 벌채되었다. 한반도 남쪽지방에서는 지리산을 비롯한 덕유산·설악산 등에서 볼 수 있으며 우리나라뿐 아니라 일본의 북해도와 중국·만주·우수리 등에서도 분포한다.

11-1 가문비나무를 어린송이라 부르는 것은 다른 소나무과의 식물보다 그 크기가 작기 때문이다. ① ② ③

11-2 가문비나무는 북쪽의 상록침엽수림을 구성하는 나무로 500~2,300m까지의 산지에서 자생한다. ① ② ③

11-3 일제시대 일본의 수탈로 많이 벌채되었는데 이는 일본에 이 나무가 없기 때문이다. ① ② ③

✅**해설** 11-1. 가문비나무를 어린송이라 부르는 것은 나무껍질이 고기비늘 모양을 했기 때문이다.
11-2. 가문비나무는 높고 추운 곳이 아니면 좀처럼 살기 힘든 식물로 해발고도 500~2,300m까지의 산지에서 자생하며 전나무·잣나무와 함께 북쪽의 상록침엽수림을 구성하는 나무이다.
11-3. 가문비나무는 일본 북해도에서도 분포한다.

12

　　일반적으로 감기라는 말은 독감을 포함한 상기도 감염증을 총괄하여 지칭하기도 하는데 병리학적으로는 감기와 독감은 병을 일으키는 바이러스의 종류와 그 증세에 있어 차이를 보인다. 감기의 경우, 그 증상은 보통 재채기, 두통, 피로감, 몸이 떨리며 춥고, 목이 아프고, 코의 염증(비염), 콧물 등의 증상이 나타나는데 열은 없으며 이러한 증상이 며칠 정도 지속된다. 초기에는 콧물이 나오기 시작하여 점차 그 양이 많아지고 농도가 짙어지며 기침과 함께 가래가 나오기도 한다. 감기를 일으키는 바이러스는 현재까지 약 1백여 종 이상으로 알려져 있는데 한 가지 바이러스가 경우에 따라서는 여러 가지 다양한 증상을 일으킬 수도 있어 원인이 되는 바이러스를 알아내기가 어렵다. 또한 동일한 증상이라도 원인균은 환자의 연령, 거주지, 발병 시기 및 사회적 조건에 따라 다르다. 그러나 대개의 경우 충분한 휴식을 취하고 적절한 수분섭취로 증상을 완화시켜 주면 통상 3~4일 정도면 증상이 소실되고 저절로 나아지는 질병이다. 감기는 호흡기를 통하여 감염되므로 전염력이 매우 강하다. 따라서 감기가 발생하였을 때는 전염방지를 위한 특별한 위생관리가 필요하다. 치료는 충분한 휴식을 취하고 적절한 수분섭취로 증상을 완화시켜 주며, 콧물·두통 등의 증세를 완화시키기 위한 약물을 복용하거나, 2차 감염을 방지하기 위한 항생제를 복용하는 경우가 있다. 반면 독감은 인플루엔자 바이러스라는 특정한 바이러스의 감염증이다. 인플루엔자는 보통의 감기와는 달리 고열이 나고 전신근육통과 쇠약감이 아주 심하다는 특징이 있으며, 무엇보다도 2차 감염·뇌염·심근염 등의 심각한 합병증의 우려가 있기 때문에 주의를 요한다. 특히 독감에 걸리게 되면 기관지의 점막이 손상되고, 이러한 손상을 통해서 일반세균의 2차 감염이 일어나 세균성 폐렴에 걸릴 가능성이 있다. 독감이 걸린 후의 예후는 이러한 2차 감염이 오는가 여부에 달려 있다. 독감은 소아·노인 등에서 심하게 발병하여 때로는 사망의 원인이 되기도 한다.

12-1 감기는 호흡기를 통하여 감염되므로 특별한 위생관리가 필요하다. ① ② ③

12-2 독감에 걸려 사망한 사람들 중 대다수는 2차 감염으로 생긴 세균성 폐렴이 그 원인이다. ① ② ③

12-3 감기 바이러스와는 달리 독감 바이러스는 인플루엔자 바이러스라는 특정한 바이러스이기 때문에 바이러스의 퇴치가 쉬운 편이다. ① ② ③

> ✓ 해설　12-1. 감기는 호흡기를 통하여 감염되므로 전염력이 매우 강하다. 따라서 감기가 발생하였을 때는 전염방지를 위한 특별한 위생관리가 필요하다.
> 　　　　12-2. 위 지문을 통해서는 알 수 없다.
> 　　　　12-3. 위 지문을 통해서는 알 수 없다.

13

가훈은 가정의 윤리적 지침으로서 가족들이 지켜야 할 도덕적인 덕목을 간명하게 표현한 것으로 가계 · 정훈 · 가규라고도 한다. 가정은 사회생활의 기본적인 바탕이 되는 곳이므로 자녀들이 사회를 보는 눈은 가정에서 형성된 가치관을 통해서 길러지게 된다. 따라서 가훈은 사회의 윤리관에 우선하는 것이며 사회교육에서 기대할 수 없는 독특한 교육적 기능을 가지고 있다. 가훈은 주로 수신제가하는 방법을 가르치는 것으로서 중국에서는 남북조시대 안지추가 지은 「안씨가훈」, 당나라 하동 유씨의 가훈, 송나라 사마광의 가범, 주자가훈, 원채의 원씨세범, 원나라 때의 정씨가범, 명나라 때의 곽위애의 가훈, 방씨가훈 등이 유명하다. 특히 「안씨가훈」은 가장 대표적인 것으로서 가족도덕을 비롯하여 학문 · 교양 · 사상 · 생활양식과 태도, 처세와 교제방법, 언어 · 예술에 이르기까지 구체적인 체험과 사례들을 열거하여 자세히 기록하였으며, 시세에 편승하지 않고 조화와 평화, 안전을 중요시하며 소박하고 견실한 가정생활을 이상으로 삼고 있다. 또한 가훈으로서 뿐 아니라 사회 · 경제를 비롯한 모든 면에서 당시의 풍조를 연구하는 데 「안씨가훈」은 가치 있는 자료이다. 우리나라에서는 가훈이 없는 집안이 거의 없을 정도로 보편화되어 있는데 김유신 집안의 '충효', 최영 집안의 '황금 보기를 돌같이 하라.', 신사임당의 '신의 · 지조 · 청백 · 성실 · 우애', 김굉필의 '인륜', 이언적의 '근검과 절약', 이이의 '화목과 우애' 등은 오랫동안 그들 집안의 생활신조로 이어졌던 대표적인 가훈들이다.

13-1 가훈은 중국의 남북조시대 때 처음 만들어져 우리나라로 전해진 것이다. ① ② ③

13-2 최영 집안의 '황금 보기를 돌같이 하라.'라는 가훈은 오늘날까지도 그들 집안에 전해 내려오고 있다. ① ② ③

13-3 우리나라의 모든 가훈은 중국의 「안씨가훈」을 모델로 삼고 있다. ① ② ③

✔해설 13-1. 위 지문을 통해서는 알 수 없다.
　　　 13-2. 위 지문을 통해서는 알 수 없다.
　　　 13-3. 위 지문을 통해서는 알 수 없다.

14

> 가문소설은 가문 간의 갈등과 가문 내 구성원 간의 애정 문제 등을 주제로 하여 창작한 고전소설로 방대한 분량의 장편형식으로 이루어져 있다. 가문소설이 조선 후기 정조 때를 전후하여 발전했기 때문에 근대적 성격이 나타나고 있지만 그 중심 내용은 가문 창달을 목적으로 하고 있다. 그 목적의 중요 요소는 대부분 사대부 가문의 복고를 통하여 실학자 및 평민에 맞서는 요소로써 정조 이후 붕괴되어 가는 중앙집권화에의 재건과 퇴폐해 가는 강상(삼강과 오상. 곧 사람이 지켜야 할 도리)의 회복을 위한 목적의식이 뚜렷한 소설이다. 당시 정조의 문풍쇄신운동의 일환으로 유교윤리 회복을 위한 실천을 통해 유가적 질서 회복을 위하여 자생한 것이 보학과 가전문학 사업이었는데 가문소설은 이러한 배경에서 나타난 것이다. 가문소설의 명칭은 가계소설·연대기소설·세대기소설·가족사소설·가문소설 등으로도 불리며 또한 별전이 연작되는 시리즈 소설이라는 점에서 연작소설 또는 별전소설 등으로도 불렸다.

14-1 가문소설은 정조의 문풍쇄신운동의 일환인 가전문학(家傳文學) 사업을 배경으로 나타났다. ① ② ③

14-2 가문소설은 목적의식이 뚜렷한 소설로 대부분 가문 창달을 목적으로 하고 있다. ① ② ③

14-3 가문소설의 대표적인 작품으로 염상섭의 「삼대」, 최만식의 「태평천하」 등이 있다. ① ② ③

✔해설 14-1. 정조의 문풍쇄신운동의 일환으로 보학과 가전문학 사업이 자생하였는데 가문소설은 이러한 배경으로 나타난 것이다.

14-2. 가문소설은 조선 후기의 근대적인 성격을 띠고 있지만 그 중심 내용은 여전히 가문 창달을 목적으로 하고 있다. 또한 정조 이후 붕괴되어 가는 중앙집권화에의 재건과 퇴폐해 가는 강상의 회복을 위한 목적의식이 뚜렷한 소설이다.

14-3. 위 지문을 통해서는 알 수 없다.

Answer → 13-1.③ 13-2.③ 13-3.③ 14-1.① 14-2.① 14-3.③

15

「가곡원류」는 1876년 박효관과 안민영이 편찬한 가집으로 「청구영언」·「해동가요」와 더불어 3대 시조집으로 일컬어진다. 10여종의 이본 가운데 원본에 가깝다고 추정되는 국립국악원 소장본은 표제가 '가사집'이다. 이본에 따라 청구영언·청구악장·해동악장·화원악보 등의 이칭이 있다. 「가곡원류」의 본편은 남창부 665수, 여창부 191수로 총 856수의 시조작품을 싣고 있으며 작품 배열은 오로지 곡조에 따라 30항목으로 분류하였고 작가의 신분차이나 연대순 등은 전혀 고려하지 않았다. 또한 이름이 알려진 작가와 무명씨의 작품도 곡조에 따라 뒤섞여 있는데 다만 작가가 밝혀진 작품은 그 끝에 작가의 성명과 함께 간단한 약력을 소개하였다. 수록작가의 연대적인 범위는 고구려의 을파소에서부터 조선 고종 때의 안민영에 이르기까지 다양하며 작가의 신분계층도 위로는 열성에서 명공석사·기녀에 이르기까지 폭넓게 다루고 있다. 「청구영언」이나 「해동가요」가 시조문학의 중간보고서라면, 이 「가곡원류」는 그 총결산보고서라고 할 만한데 이는 이 책이 편찬된 직후 우리의 전통문학을 잇는 이른바 신문학의 새 물결이 밀어닥쳐 왔기 때문이다. 특히 「가곡원류」는 이본이 10여종이나 될 정도로 그 유포가 광범위하고 각 작품의 파트를 구비한 시조집의 전범이 될 수 있다.

15-1 「가곡원류」는 약 10여종의 이본이 있으며 그 중에서 원본에 가깝다고 추정되는 것은 현재 국립국악원에서 소장하고 있다. ① ② ③

15-2 「가곡원류」는 이름이 알려진 작가와 무명씨의 작품을 곡조에 따라 분명하게 구분하고 있다. ① ② ③

15-3 「가곡원류」는 시조문학의 중간보고서 성격을 띠며 「청구영언」·「해동가요」와 더불어 3대 시조집으로 일컬어진다. ① ② ③

✔ 해설 15-1. 「가곡원류」는 약 10여종의 이본이 전할만큼 그 유포가 광범위하고 그 중에서 원본에 가깝다고 추정되는 국립국악원 소장본은 표제가 '가사집'이다.

15-2. 「가곡원류」는 이름이 알려진 작가와 무명씨의 작품도 곡조에 따라 뒤섞여 있는데 다만 작가가 밝혀진 작품은 그 끝에 작가의 성명과 함께 간단한 약력을 소개하였다.

15-3. 「가곡원류」는 「청구영언」·「해동가요」와 더불어 3대 시조집으로 일컬어지며 시조문학의 총결산보고서라고 할 만하다.

16

> 가전체소설은 어떤 사물이나 동물을 의인화하여 그 일대기를 사전정체의 형식에 맞추어 허구적으로 입전한 소설로 허구된 주인공의 행적을 통해서 사람들에게 감계(지난 잘못을 거울로 삼아 다시는 잘못을 되풀이하지 아니하도록 하는 경계)를 주는 것이 목적이므로 매우 풍자적인 문학형식이다. 가전의 특징은 주인공이 의인화된 사물이기 때문에 그 가계와 행적을 사실에 가탁하기 위해 많은 고사를 이끌어 낸다는 점과 평결부에서 사관의 말을 통하여 강한 포폄의식(옳고 그름이나 선하고 악함을 판단하여 결정하는 의식)을 보여 줌으로써 사람들에게 감계를 주려고 한다는 점을 들 수 있다. 가전은 중국 사마천의 「사기」 중 열전이 그 뿌리라 할 수 있으며 중국 한유의 「모영전」이 최초의 작품으로 알려져 있다. 우리나라에서는 고려 중기 임춘의 「국순전」 이후에 흔하게 제작되었다.

16-1 가전체 작품 중 최초의 작품은 중국 사마천의 「사기」 중 열전에 들어 있는 「모영전」이다.
① ② ③

16-2 가전은 주인공이 의인화된 사물이기 때문에 평민들이 접하기 쉬운 일화로 구성되어 있다.
① ② ③

16-3 통일신라시대 설총이 지은 「화왕계」 또한 일종의 가전체 작품이라 할 수 있다. ① ② ③

✔ 해설 16-1. 위 지문을 통해서는 알 수 없다.
16-2. 가전의 특징 중 하나는 주인공이 의인화된 사물이기 때문에 그 가계와 행적을 사실에 가탁하기 위해 많은 고사를 이끌어 낸다는 점이다.
16-3. 위 지문을 통해서는 알 수 없다.

Answer ➔ 15-1.① 15-2.② 15-3.② 16-1.③ 16-2.② 16-3.③

17

계급문학은 일명 프롤레타리아문학, 프로문학이라고도 하며 주로 노동자, 농민 등 무산계급의 해방을 목적으로 삼는 계몽적 성격의 문학을 일컫는데 마르크스주의문학론에 바탕을 두고 있으며 러시아혁명 이후 세계적인 문학운동이 되었다. 한국의 계급문학은 일본을 통한 사회주의 문학운동의 수용에서 출발하였는데 당시 식민지라는 현실에서 민족의 해방과 민중의 해방을 동시에 이루어야 하는 과제를 안고 있어서 사회주의 이념의 추상적 논쟁이 강했던 일본에 비해 민족해방운동의 성격을 강하게 띠고 있었다. 또한 한국의 계급문학은 신경향파 문학이라는 이름으로 1922, 3년경부터 우리 문학사에서 제기되기 시작하는데 그 시발은 김기진의 일련의 글에서 비롯되었다. 우리나라는 김기진, 박영희 등이 주도했던 신경향파문학에서 출발하여 1925년 카프 결성을 계기로 본격적인 계급문학 시대를 열게 된다. 조선 프롤레타리아 예술가동맹의 약칭 카프(KAPF)는 문학도 프롤레타리아 해방에 이바지해야 한다는 목적으로 조직된 문예운동단체이며 1935년 해체될 때까지 계급문학의 중심이 되었다.

17-1 한국의 계급문학은 일본을 통해 들어왔으며 따라서 각 작품에는 당시 일본의 계급문학이 추구하던 사회주의 이념의 추상적 논쟁이 강하게 나타났다. ① ② ③

17-2 조선 프롤레타리아 예술가동맹은 카프(KAPF)와 함께 1925년부터 약 10년 동안 한국 계급문학의 중심이 되었다. ① ② ③

17-3 계급문학은 주로 노동자, 농민 등 무산계급의 해방을 목적으로 삼는 계몽적 성격의 문학을 말한다. ① ② ③

> **✔해설** 17-1. 한국의 계급문학은 일본을 통해 들어왔지만 당시 식민지라는 현실에서 민족의 해방과 민중의 해방을 동시에 이루어야 하는 과제를 안고 있어 일본에 비해 민족해방운동의 성격을 강하게 띠고 있었다.
> 17-2. 조선 프롤레타리아 예술가동맹의 약칭이 곧 카프(KAPF)이다.
> 17-3. 계급문학은 일명 프롤레타리아문학, 프로문학이라고도 하며 주로 노동자, 농민 등 무산계급의 해방을 목적으로 삼는 계몽적 성격의 문학을 일컫는다.

18

> 「가례원류」는 조선 후기의 학자이자 문신인 유계가 「가례」에 관한 여러 글을 분류하고 정리한 책으로 현재 규장각에 보관되어 있다. 이 책은 「가례」의 본문을 기본으로 삼았고 삼례(주례·의례·예기)에서 관계되는 사항을 뽑아서 주석으로 삼아 이를 원이라 하고 주희 이후 여러 학자들의 사례에 관한 예절을 나누어 모아 유라 하였다. 이는 「가례」의 연원과 그 발달을 비교하고 고찰하여 가례의 본질과 그 전개과정을 이해하는 데 참고가 되게 하기 위함이었다. 「가례원류」는 사례의 발달과정을 항목별로 이해하는 데에는 많은 참고가 되지만 여러 고전에서 관계사항을 발췌하여 엮은 것일 뿐 엮은이의 주장이 전혀 없어 조선시대 노소분쟁의 한 쟁점이 되었다는 데에 오히려 비중이 있다고 하겠다.

18-1 「가례원류」는 그 편술자를 누구로 하느냐에 대한 시비로 인해 당시 노론과 소론의 분쟁의 한 쟁점이 되었다. ① ② ③

18-2 「가례원류」는 사례의 발달과정을 항목별로 이해하는 데 많은 참고가 될 뿐만 아니라 엮은이의 주장까지 자세하게 서술되어 있어 역사적으로 중요한 위치에 있다. ① ② ③

18-3 「가례원류」는 조선 후기에 펴낸 책으로 규장각에 보관되어 있다가 현재는 국립중앙도서관으로 옮겨졌다. ① ② ③

✔️해설   18-1. 위 지문을 통해서는 알 수 없다.
        18-2. 「가례원류」는 사례의 발달과정을 항목별로 이해하는 데 많은 참고가 되지만 여러 고전에서 관계사항을 발췌하여 엮은 것일 뿐 엮은이의 주장은 전혀 없다.
        18-3. 「가례원류」는 조선 후기의 학자이자 문신인 유계가 「가례」에 관한 여러 글을 분류하고 정리한 책으로 현재 규장각에 보관되어 있다.

Answer → 17-1.② 17-2.② 17-3.① 18-1.③ 18-2.② 18-3.②

19

　　계급이란 보통 사회적 이해관계의 차이에서 비롯된 대립적인 사회집단을 지칭하는 개념으로 사용된다. 고전적 개념은 생산관계에서 재산의 소유와 비 소유, 또는 지배와 종속의 관계에 바탕을 두고 계급을 파악하고 있지만 오늘날에 와서는 계급의 개념을 이러한 경제적 생산관계 뿐만 아니라 정치적 권력관계나 사회적 역할관계에 의해서 파악하려는 경향이 있다. 이러한 측면에서 볼 때 한 사회의 계급관계는 결국 사회구성원의 이해관계의 차이에서 비롯되는 것이라고 볼 수 있으며 이해관계의 차이에서 파악되는 계급의 개념은 결국 자본주의적 사회발전에 따라 생성된 개념이다. 일반적으로 계급을 자본가계급과 노동자계급, 지배계급과 피지배계급, 또는 부르주아와 프롤레타리아같이 대립적인 집단으로 구별하는 것은 고전적 개념이다. 그러나 오늘날 사회구조의 변동으로 말미암아 이러한 구분 외에 중산층, 프티 부르주아 또는 중간 계급의 개념을 추가하는 경향이 있다. 우리나라에서 사회계급 개념이 발생한 것은 자본주의가 발달한 데서 비롯되었다. 우리나라 자본주의 발전의 맹아를 조선 후기에서 찾으려는 학자도 있지만, 일반적으로 자본주의적 생산관계와 역할관계가 심화된 것은 일본의 식민지가 됨으로써 식민지 자본주의를 경험하게 되면서부터이다.

19-1　일반적으로 계급을 대립적인 집단으로 구별하는 것은 오늘날의 개념이다.　① ② ③

19-2　우리나라에서 자본주의적 생산관계와 역할관계가 심화된 것은 일본의 식민지가 된 이후 식민지 자본주의를 경험하게 되면서부터이다.　① ② ③

19-3　오늘날에는 계급의 개념을 경제적 생산관계 뿐만 아니라 정치적 권력관계나 사회적 역할관계에 의해서 파악하려는 경향이 있다.　① ② ③

> ✔해설　19-1. 일반적으로 계급을 대립적인 집단으로 구별하는 것은 고전적 개념이다.
> 　　　　19-2. 우리나라에서 일반적으로 자본주의적 생산관계와 역할관계가 심화된 것은 일본의 식민지가 됨으로써 식민지 자본주의를 경험하게 되면서부터이다.
> 　　　　19-3. 오늘날에 와서는 계급의 개념을 이러한 경제적 생산관계 뿐만 아니라 정치적 권력관계나 사회적 역할관계에 의해서 파악하려는 경향이 있다.

20

　　1990년대에 형성된 러시아 극동 지역의 새로운 고려인 거주지인 고려인 정착촌은 소련이 해체되면서 중앙아시아에 거주하던 고려인이 연해주 일대로 이주하여 정착한 마을로, 고려인이 새로 정착한 특정 지역을 뜻하는 용어로도 사용되었다. 일찍이 중앙아시아 지역에 거주하고 있던 고려인들은 달라진 언어 환경의 변화와 체제 전환 속의 경제적 어려움, 그리고 계속된 민족 차별로 인해 오래 전부터 이미 유럽과 가까운 러시아의 여러 지역은 물론, 남부 러시아와 우크라이나 등지로 이주하기 시작했는데 1991년 소련이 해체될 즈음에서는 러시아 극동지역으로도 이주하려고 한 것이다. 이곳은 러시아어를 모국어로 사용하는 고려인들에게 언어 문제의 어려움을 겪지 않아도 되는 지역이면서 동시에 부모가 태어나 자란 곳이자 강제 이주로 인한 고향의 향수를 풀어줄 수 있는 지역이기도 하여 자연히 중앙아시아 지역에 거주하던 고려인들은 개인적으로 연해주로 이주하여 새로운 터전을 닦았고, 그 뒤에도 일부 고려인들이 개인 사업을 통해 연해주 지역으로 이주하였다. 하지만 이주환경은 생각보다 나빠서 직장, 주택, 자녀 교육 등에서 여러 문제가 발생하였는데 특히 주택 문제가 가장 큰 걸림돌이었다.

20-1 중앙아시아 지역에 거주하고 있던 고려인들은 오래 전부터 러시아의 여러 지역은 물론, 남부 러시아와 우크라이나 등지로 이주하기 시작했다.　① ② ③

20-2 러시아 극동지역으로 이주한 고려인들을 위해 우리나라는 정부차원에서 이들에게 한국형 단독주택을 건설해 주고 있다.　① ② ③

20-3 러시아 정부에서는 극동지역으로 이주한 고려인들에게 러시아 국적을 쉽게 내주지 않아 이들과 빈번한 마찰을 일으키고 있다.　① ② ③

　✔해설　20-1. 중앙아시아 지역에 거주하고 있던 고려인들은 달라진 언어 환경의 변화와 체제 전환 속의 경제적 어려움, 그리고 계속된 민족 차별로 인해 오래 전부터 이미 유럽과 가까운 러시아의 여러 지역은 물론, 남부 러시아와 우크라이나 등지로 이주하기 시작했다.
　　　　20-2. 위 지문을 통해서는 알 수 없다.
　　　　20-3. 위 지문을 통해서는 알 수 없다.

Answer ↦ 19-1.② 19-2.① 19-3.① 20-1.① 20-2.③ 20-3.③

21

강강술래는 전라남도 서남해안지방에서 전승되는 민속놀이로 중요무형문화재 제8호이다. 주로 해남·완도·무안·진도 등 전라남도 해안일대에서 성행되어 온 이 놀이는 노래와 무용 그리고 놀이가 혼합된 부녀자들의 놀이로 주로 추석날 밤에 행해지며 정월대보름날 밤에 하기도 한다. 명칭은 '강강수월래' 또는 한자로 '强羌水越來(강강수월래)'로 표기하는 일도 있으나 '강강술래'가 일반적이다. 그러나 진양조로 느리게 노래를 부를 때는 '강강수월래'로 길게 발음된다. 기원에 대해서는 여러 설이 전하고 있는데 그 중 대표적인 것은 이순신과 관련되어 있다. 임진왜란 당시 이순신이 해남 우수영에 진을 치고 있을 때 적군에 비하여 아군의 수가 매우 적자 이순신은 마을 부녀자들을 모아 남자차림을 하게하고 옥매산 허리를 빙빙 돌도록 하였다. 바다에서 이를 본 왜병은 이순신의 군사가 한없이 계속해서 행군하는 것으로 알고 미리 겁을 먹고 달아났다고 한다. 이런 일이 있은 뒤로 근처의 마을 부녀자들이 서로 손을 잡고 빙빙 돌면서 춤을 추던 관행이 강강술래로 정착되었다는 것이다. 따라서 강강술래의 기원은 이순신의 창안에서 비롯되었다는 주장이 있다. 그러나 강강술래는 원시시대의 부족이 달밤에 축제를 벌여 노래하고 춤추던 유습(풍습)에서 비롯된 민속놀이라고 보는 것이 타당하다. 고대로부터 우리나라 사람들은 달의 운행원리에 맞추어 자연의 흐름을 파악하였고 따라서 우리나라 세시풍속에서 보름달이 차지하는 위치는 가장 중요한 것이었기 때문이다. 즉, 달이 가장 밝은 추석날이나 정월대보름날이면 고대인들은 축제를 벌여 춤과 노래를 즐겼고 이것이 정형화되어 강강술래로 전승된 것으로 보는 것이 합리적이다.

21-1 강강술래는 그 기원에 대해 여러 설이 있지만 그 중에서 가장 타당한 것은 임진왜란 당시 이순신과 관련된 설이라 할 수 있다. ① ② ③

21-2 강강술래는 주로 전라남도 해안일대에서 성행되어 온 민속놀이로 현재 중요무형문화재 제8호로 지정되어 있다. ① ② ③

21-3 한자로 '强羌水越來(강강수월래)'로 표기하고 이를 '강한 오랑캐가 물을 건너온다.'라고 해석하는 것은 이순신과 관련된 일화에서 비롯되었다. ① ② ③

✔️**해설** 21-1. 강강술래는 그 기원에 대해 여러 설이 있지만 그 중에서 가장 타당한 것은 원시시대의 부족이 달밤에 축제를 벌여 노래하고 춤추던 유습(풍습)에서 비롯된 민속놀이라고 보는 것이다.

21-2. 강강술래는 주로 해남·완도·무안·진도 등 전라남도 해안일대에서 성행되어 온 민속놀이로 중요무형문화재 제8호이다.

21-3. 위 지문을 통해서는 알 수 없다.

22

콩으로 메주를 쑤어 소금물에 담근 뒤 그 즙액을 달여서 만든 장을 간장이라고 하는데 이것은 음식의 간을 맞추는 기본양념으로 짠맛·단맛·감칠맛 등이 복합된 독특한 맛과 함께 특유의 향을 지니고 있다. 간장은 농도에 따라 진간장·중간장·묽은간장으로 나눌 수 있다. 이것은 각각 짠맛·단맛의 정도와 빛깔이 다르므로 음식에 따라 쓰이는 용도가 각기 다르다. 담근 햇수가 1~2년 정도 되는 묽은 간장은 국을 끓이는 데 쓰이고 중간장은 찌개나 나물을 무치는 데 쓰이며 담근 햇수가 5년 이상 되어 오래된 진간장은 달고 가무스름하여 약식이나 전복초 등을 만드는 데 사용되었다. 예로부터 간장 담그는 일은 가정의 중요한 연중행사로 여겨져 메주 만들기·메주 띄우기·장 담그기·장 뜨기 등의 행사가 초겨울부터 이듬해 초여름까지 계속되었고 간장 맛이 좋아야 음식 맛을 낼 수 있다 하여 장을 담글 때는 반드시 길일을 택하고 부정을 금하였으며 재료의 선정 때는 물론이고 저장 중의 관리에도 세심한 주의를 기울였다. 이러한 간장은 고구려 고분인 안악3호분의 벽화에 우물가에 장독대가 보이고 「삼국사기」에는 683년(신문왕 3)에 왕비 맞을 때의 폐백품목으로 간장과 된장이 기록되어 있는 것으로 미루어 삼국시대에 이미 장류가 사용되었음을 알 수 있다. 그리고 「고려사」 식화지에는 1018년(현종 9)에 거란의 침입으로 굶주림과 추위에 떠는 백성들에게 소금과 장을 나누어 주었다는 기록과 함께 1052년(문종 6)에는 개경의 굶주린 백성 3만 여명에게 쌀·조·된장을 내렸다는 기록이 있어 고려시대에는 이미 장류가 일반 백성들의 기본식품으로 자리 잡았음을 알 수 있다. 간장은 또한 부종이 일어나지 않게 하고 기력을 유지하는 데 효과가 있다 하여 「구황촬요」·「구황절요」 등 구황식품서에도 콩 대용으로 콩잎을 이용한 흉년기의 장제조법을 자세하게 기록하였다.

22-1 고구려 고분인 '안악3호분'의 벽화나 「삼국사기」의 기록으로 미루어 볼 때 삼국시대 때 간장은 지배층들만 접할 수 있는 귀한 음식이었음을 알 수 있다. ① ② ③

22-2 간장은 크게 진간장·중간장·묽은간장으로 나눌 수 있는데 이 중 국을 끓이는 데 사용된 간장은 묽은 간장이다. ① ② ③

22-3 예로부터 우리 선조들은 장 담그는 일을 가정의 중요한 연중행사로 여겨 이와 관련된 메주 만들기·메주 띄우기·장 담그기·장 뜨기 등의 행사는 반드시 정월대보름 전후로 실시하였다. ① ② ③

✔해설 22-1. 위 지문을 통해서는 알 수 없다.

22-2. 간장은 농도에 따라 진간장·중간장·묽은간장으로 나눌 수 있고 이 중 담근 햇수가 1~2년 정도 되는 묽은 간장은 국을 끓이는 데 사용되었다.

22-3. 예로부터 간장 담그는 일은 가정의 중요한 연중행사로 여겨져 메주 만들기·메주 띄우기·장 담그기·장 뜨기 등의 행사가 초겨울부터 이듬해 초여름까지 계속되었다.

Answer → 21-1.② 21-2.① 21-3.③ 22-1.③ 22-2.① 22-3.②

23

「가례도감의궤」는 조선시대 국혼의 절차를 기록한 책으로 임금이나 세자·세손의 혼사가 있을 때 가례도감을 설치하여 모든 일을 거행하게 하고 그 기록을 책으로 엮어 훗날의 전거로 남긴 것이다. 여기에는 국혼을 거행함에 따른 전교·계사·문첩과 경비의 수지, 물수의 실입 등을 빠뜨림 없이 적고 국혼의 모든 절차를 기록함과 동시에 채색한 행렬도를 곁들이고 있어 궁중혼속을 살피는 데 중요한 자료가 된다. 특히 상의원에서 옷을 만들어 진상한 기록은 옷의 종류와 옷감의 내역을 자세히 밝히고 있어 당시의 복식 연구의 귀중한 자료가 되고 있다. 현재 남아 있는 「가례도감의궤」 중 가장 오래된 것은 소현세자 가례 때의 것으로 옷을 태반이나 줄였다는 기록이 옷가지별로 적혀 있다. 역대 「가례도감의궤」는 의궤를 바탕으로 한 「국혼정례」·「상방정례」, 그때그때의 물품과 금전의 소입(所入:무슨 일에 든 돈이나 재물)을 적은 「궁중발기」와 대조함으로써 궁중의 혼인예식·복식생활의 실상을 밝히는 자료가 된다. 그러한 역대 「가례도감의궤」에서 보면 궁중복식은 조선시대 동안 큰 변화가 없었으며 조선 초기의 예제에 비추어서도 크게 벗어난 것이 없다. 현재 규장각 도서에 1627년(인조 5)~1906년의 279년 동안에 있었던 국혼 중 20건의 기록 29책이 있으며 장서각 도서에는 그 중 11건의 기록 14책이 따로 있다.

23-1 「가례도감의궤」는 조선시대 궁중혼속은 물론 당시의 복식을 연구함에 있어서도 귀중한 자료가 되고 있다. ① ② ③

23-2 현재 남아 있는 「가례도감의궤」 중 가장 오래된 것은 봉림대군 가례 때의 것이다.
　　　① ② ③

23-3 현재 우리나라에 소장되고 있는 조선시대 「가례도감의궤」는 2011년 프랑스에서 반환된 것이다. ① ② ③

✔ 해설　23-1. 「가례도감의궤」에는 당시 국혼을 거행함에 있어 진행되었던 모든 일들과 자료들을 글과 그림으로 빠짐없이 기록하고 있어 조선시대 궁중혼속은 물론 당시의 복식을 연구하는데 귀중한 자료로 쓰이고 있다.
　　　　23-2. 현재 남아 있는 「가례도감의궤」 중 가장 오래된 것은 소현세자 가례 때의 것이다.
　　　　23-3. 위 지문을 통해서는 알 수 없다.

24

> 가계조사는 가계의 경제 상태 및 생활수준의 변동 상황을 파악하기 위하여 가계수입과 가계지출을 세부 항목별로 조사하는 것으로 이 자료는 국민의 생활수준 및 소비생활 실태를 파악하게 해 주며 국가가 소비자물가지수를 산출하거나 임금정책·사회보장제도 등을 수립하는 데 기초 자료로 쓰이고 있다. 우리나라 가계조사의 시초는 1951년 한국은행에서 전시 중의 국민 소비 수준을 측정하기 위하여 부산의 60가계를 대상으로 조사한 것이 최초이다. 이어 1954년에는 서울의 근로자 100가계를 대상으로 조사하였으며 이는 1959년까지 계속되었다. 하지만 이러한 조사는 그 조사대상이 극히 일부 근로자에 국한되었고 표본 선출 과정에도 객관성이 결여되어 있었으므로 1960년에는 조사대상을 선정하는 방법을 개선하여 실행하였고 1990년부터는 통계청에서 실시하여 매년 「한국통계연감」·「도시가계연보」 등에 발표하고 있다.

24-1 현재 우리나라 가계조사는 통계청에서 실시하고 있으며 통계청은 이렇게 얻은 자료를 2년마다 「한국통계연감」·「도시가계연보」 등에 발표하고 있다. ① ② ③

24-2 우리나라 최초의 가계조사는 한국전쟁 중인 1951년 한국은행에서 부산의 60가계를 대상으로 조사한 것이다. ① ② ③

24-3 현재 가계조사를 하는데 들어가는 세부 항목은 총 9가지이다. ① ② ③

> **해설** 24-1. 통계청은 매년 「한국통계연감」·「도시가계연보」 등에 발표하고 있다.
> 24-2. 우리나라 가계조사의 시초는 1951년 한국은행에서 전시 중의 국민 소비 수준을 측정하기 위하여 부산의 60가계를 대상으로 조사한 것이 최초이다.
> 24-3. 위 지문을 통해서는 알 수 없다.

Answer → 23-1.① 23-2.② 23-3.③ 24-1.② 24-2.① 24-3.③

25

「개벽」은 1920년에 창간된 월간 종합 잡지로 천도교 조직사업의 일환으로 발행했던 잡지임에도 불구하고 종교·사상·정치·경제·산업·역사·천문·지리·문학·미술·음악·제도·기술·풍속·풍물·인물·시사 등을 여러 분야를 아우르고 있으며 이와 함께 현란하고 화려한 광고들을 담고 있어 1920년대 당시 유통되는 상품 내지 근대문물 전체에 관심을 갖고 있을 정도로 종합지적인 개방성을 보였다. 그리고 이를 통해 성공적으로 대중에게 다가설 수 있었다. 특히 「개벽」은 1920년대 당시 계급주의적 경향문학을 지향하던 신경향파 초기의 작가들을 많이 배출하여 지면의 3분의 1에 달하는 문예면에 그들의 작품을 게재하였는데 김기진·박영희 등의 평론가부터 조포석·현진건·김동인·이상화·염상섭·최서해·박종화·주요섭 등의 문인들이 주로 「개벽」을 통해 작품활동을 하였고 김유정도 여기에 단편소설 1편을 발표하였다. 그 외에도 노수현·김은호·이상범·오일영·김응원·고희동 등의 그림이 자주 소개되었고 강암·운양·성당·석정·긍제 등의 서예도 소개하였다. 이러한 민족항일기의 「개벽」은 일제의 정책에 항거하여 정간·발행금지·벌금 그리고 발행정지 등의 가혹한 처벌을 감수하면서까지 민족의식 고취에 역점을 둔 1920년대 대표적인 종합잡지였고 뿐만 아니라 문예잡지 못지않게 문학이론의 전개, 문학작품의 발표, 외국문학의 소개, 신인 발굴 등 다각적인 배려를 함으로써 1920년대 문학창달에 기여한 바가 커서 이 시기 문학연구에 귀중한 문헌적 가치를 지니고 있다 할 수 있다.

25-1 현진건은 1920년에 발행된 「개벽」을 통해 문단에 발을 디디게 되었다. ① ② ③

25-2 「개벽」은 종합 잡지임에도 불구하고 1920년대 당시 문학이론의 전개, 문학작품의 발표, 외국문학의 소개, 신인 발굴 등을 게재하여 이 시기 문학연구에 귀중한 문헌적 자료가 되고 있다. ① ② ③

25-3 「개벽」은 기독교 조직사업의 일환으로 발행되었던 잡지이다. ① ② ③

> **해설** 25-1. 위 지문을 통해서는 알 수 없다.
> 　　　25-2. 「개벽」은 1920년대 대표적인 월간 종합 잡지였고 뿐만 아니라 문예잡지 못지않게 문학이론의 전개, 문학작품의 발표, 외국문학의 소개, 신인 발굴 등 다각적인 배려를 함으로써 1920년대 문학창달에 기여한 바가 커서 이 시기 문학연구에 귀중한 문헌적 가치를 지니고 있다 할 수 있다.
> 　　　25-3. 「개벽」은 천도교 조직사업의 일환으로 발행되었던 잡지이다.

26

갑인자는 1434년(세종 16)에 주자소에서 만든 동활자로 그보다 앞서 만들어진 경자자의 자체가 가늘고 빽빽하여 보기가 어려워지자 좀 더 큰 활자가 필요하다 하여 1434년 갑인년에 왕명으로 주조된 활자이다. 이 글자는 자체가 매우 해정(글씨체가 바르고 똑똑함)하고 부드러운 필서체로 진나라의 위부인자체와 비슷하다 하여 일명 '위부인자'라 일컫기도 한다. 이 활자를 만드는 데 관여한 인물들은 당시의 과학자나 또는 정밀한 천문기기를 만들었던 기술자들이었으므로 활자의 모양이 아주 해정하고 바르게 만들어졌다. 경자자와 비교하면 대자와 소자의 크기가 고르고 활자의 네모가 평정하며 조판도 완전한 조립식으로 고안하여 납을 사용하는 대신 죽목으로 빈틈을 메우는 단계로 개량·발전되었다. 현재 전하고 있는 갑인자본을 보면 글자획에 필력의 약동이 잘 나타나고 글자 사이가 여유 있게 떨어지고 있으며 판면이 커서 늠름하다. 또 먹물이 시커멓고 윤이 나서 한결 선명하고 아름답다. 이와 같은 이유로 이 활자는 우리나라 활자본의 백미에 속한다. 이와 같이 우리나라의 활자 인쇄술은 세종 때 갑인자에 이르러 고도로 발전하였으며 이 활자는 조선 말기에 이르기까지 여섯 번이나 개주되었다. 후에 개주된 활자와 구별하기 위해 이 시기에 주조된 활자를 특히 초주갑인자라 한다. 그리고 갑인자에 붙여 특기할 것은 이 활자에 이르러 처음으로 한글 활자가 만들어져 함께 사용된 점이다. 만든 해와 자체가 갑인자와 전혀 다르므로 '갑인자 병용 한글 활자' 또는 처음으로 찍은 책의 이름을 따서 '월인석보 한글자'라 한다. 이 한글 활자가 언제 만들어졌는지는 정확히 밝혀지지 않고 있으나 수양대군 등이 세종의 명을 받고 1446년에 죽은 소헌왕후의 명복을 빌기 위해 1447년 7월 석가모니의 일대기를 편찬하여 국역한 「석보상절」과 그것을 세종이 읽고 지었다는 국한문본 「월인천강지곡」이 이 활자로 찍혀졌으므로 세종 무렵에 만들어진 것으로 보인다. 갑인자 한글 활자는 획이 굵고 강직한 인서체인 것이 특징이며 세종이 우리 글자를 제정하고 처음으로 만들어진 것이라는 점에서 그 의의가 크다.

26-1 1434년에 만들어진 갑인자는 우리나라 활자본의 백미에 속한다. ① ② ③

26-2 갑인자에 이르러 처음으로 만들어진 한글 활자의 목적은 세종이 「석보상절」과 「월인천강지곡」을 찍기 위해서였다. ① ② ③

26-3 갑인자는 조선 말기까지 모두 다섯 번에 걸쳐 개주되었다. ① ② ③

✅ **해설** 26-1. 갑인자는 1434년 갑인년에 왕명으로 주조된 활자로 글자획에 필력의 약동이 잘 나타나고 글자 사이가 여유 있게 떨어지고 있으며 판면이 커서 늠름하다. 또 먹물이 시커멓고 윤이 나서 한결 선명하고 아름답기 때문에 우리나라 활자본의 백미에 속한다.
26-2. 위 지문을 통해서는 알 수 없다.
26-3. 갑인자는 조선 말기에 이르기까지 모두 여섯 번이나 개주되었다.

Answer → 25-1.③ 25-2.① 25-3.② 26-1.① 26-2.③ 26-3.②

27

> 각필구결은 각필을 사용해 종이에 서사된 구결이다. 구결은 훈민정음이 창제되기 이전에 한문 경전을 훈독하거나 현토하는 데 사용된 우리나라 고유의 방법으로 보통 한문 중간 중간에 토를 달아 우리말 어순으로 읽는데 사용하였다. 이러한 구결에 대한 연구는 1970년대 초반까지 주로 조선 후기 자료를 가지고 진행되었으나 이후 불상 복장 유물 중심으로 고려시대 구결이 여러 차례 발견되면서 구결에 대한 연구가 활발해지기 시작하였다. 현재 발견된 각필구결 문헌의 실물은 주로 통일신라시대부터 고려시대 전기의 유물에 집중되어 있다. 그러나 고고학적 발견에 의하면 이미 삼국시대의 백제의 유물에서 각필로 쓴 문헌과 각필이 발견되고 있어 그 연원은 상당히 앞선 것으로 생각된다.

27-1 구결은 크게 각필구결과 묵서구결로 나눌 수 있다. ① ② ③

27-2 현재 전해지는 각필구결 자료 중에는 백제시대 유물도 있다. ① ② ③

27-3 구결은 우리 글자가 생기기 이전에 한문으로 된 책을 읽기 위해 사용한 방식으로 일본에서 건너온 것이다. ① ② ③

✔해설 27-1. 위 지문을 통해서는 알 수 없다.

27-2. 고고학적 발견에 의하면 이미 삼국시대의 백제의 유물에서 각필로 쓴 문헌과 각필이 발견되고 있어 그 연원은 상당히 앞선 것으로 생각된다.

27-3. 구결은 훈민정음이 창제되기 이전에 한문 경전을 훈독하거나 현토(懸吐)하는 데 사용된 우리나라 고유의 방법으로 보통 한문 중간 중간에 토를 달아 우리말 어순으로 읽는데 사용하였다.

28

각저총은 중국 길림성 집안현 여산에 있는 고구려시대의 벽화고분으로 1935년에 발견되어 일본인 등에 의해 조사되었다. 분구는 방대형으로 밑 둘레 한 변의 길이가 약 15m이고 묘실은 널길, 장방형의 앞방, 통로, 방형의 널방으로 이루어져 있다. 천장 구조는 앞방은 단면 아치형 천장이고 널방은 네 벽 위에 두 단의 평행굄돌을 놓고 다시 그 위에 네 단의 삼각굄돌을 올려놓은 모줄임천장이다. 벽화는 앞방과 널방의 네 벽과 천장에 인물풍속도가 그려져 있는데 배치상태를 보면 앞방과 통로에는 나무와 맹견이 그려져 있고 널방 네 벽 가운데 북벽에는 주인의 실내생활도가, 동벽에는 씨름 그림과 부엌 그림이, 서벽에는 수레와 나무가, 남벽에는 나무가 그려져 있다. 네 벽의 벽화는 무용총의 벽화와 같이 피장자의 생전 생활을 취재한 것이며 필치도 거의 같다. 천장에는 해·달·별이 그려져 있고 불꽃무늬·초롱무늬로 장식되어 있으며 널방 네 벽 모서리에는 목조가옥 구조로 보이게 하기 위해 굽받침이 달린 주두·소루를 가진 나무기둥을 그렸다. 이 벽화고분을 각저총이라고 이름 지은 것은 널방 동벽 중앙으로부터 약간 오른쪽에 그려져 있는 씨름 그림에 의거한 것이다. 이 벽화고분의 추정연대는 앞방이 장방형인 두방무덤이고 인물풍속도를 벽화내용으로 하고 있으며 감실이나 또는 곁간이 있는 벽화고분의 변형구조를 띠고 있는 것으로 보아 고구려시대 중에서도 늦은 시기의 것으로 생각된다. 또 벽화내용에 있어서도 주인공의 실내생활도가 서쪽 벽에 있는 인물풍속도 벽화고분보다 늦은 시기의 것이므로 5세기 말경으로 추정된다. 그러나 이 고분의 벽화에는 사신도가 없는 만큼 감실 또는 곁간이 있는 벽화고분에 비해 연대가 그다지 늦을 수는 없다는 의견도 있어 축조연대를 안악1호분과 같은 4세기 말에서 5세기 초로 추정하는 견해도 있다.

28-1 각저총이란 이름은 이 고분 널방에 그려져 있는 씨름 그림에서 기인한 것이다. ① ② ③

28-2 각저총에는 씨름 그림 외에도 무덤 주인의 실내생활도와 인물풍속도, 사신도 등이 그려져 있다. ① ② ③

28-3 각저총은 1935년에 발견되어 일본인 등에 의해 조사되었는데 이 과정에서 많은 고구려 유물들이 도굴 당하였다. ① ② ③

✔해설 28-1. 이 벽화고분을 각저총이라고 이름 지은 것은 널방 동벽 중앙으로부터 약간 오른쪽에 그려져 있는 씨름 그림에 의거한 것이다.
28-2. 각저총에는 사신도 그림이 없다.
28-3. 위 지문을 통해서는 알 수 없다.

Answer→ 27-1.③ 27-2.① 27-3.② 28-1.① 28-2.② 28-3.③

29

　　각염법은 고려 후기 시행된 소금의 전매법으로 소금의 생산과 유통에 관한 권리를 국가기관의 관리 하에 두고 그로부터의 수익을 수취하는 법이다. 각염법이 언제 처음 출현된 것인지는 정확하지 않지만 기록상으로는 고려 후기 충선왕 때부터 실시에 관한 기록이 나타난다. 각염법의 시행은 12·13세기에 이루어진 소금생산의 발전을 배경으로 한 것으로 특히 12세기 이후 증대되고 있던 유민은 소금생산의 발전에 필요한 노동력을 제공하는 사회적 조건으로 작용하였다. 또한 대몽항쟁을 전후해 해도를 중심으로 한 연해지방에는 농토로부터 이탈된 농민들과 피난민들에 의해 새로운 소금산지가 개발되고 있었는데 국가는 각염법의 시행으로 전국의 모든 염분을 국가에 소속시키고 군현민을 징발해 염호로 삼았으며 민부로 하여금 소금의 생산과 유통을 관리하게 하였다. 소금의 생산은 국가가 염호에게 일정한 자립성을 부여해 생산과정을 맡기고 지정한 공염액을 납입시켰다. 생산에 필요한 도구와 경비는 염호가 모두 부담하였으며 한편 유통부문에서는 국가가 염호가 속해 있는 연해 군현의 염창에 공염을 수집해 일부는 당해 군현민에게 판매하고 나머지는 소금이 생산되지 않는 수도와 내륙 군현으로 옮겨 판매하였다. 판매방식은 연해군현과 내륙군현, 그리고 수도의 지역에 따라 각기 달랐는데 어느 경우에나 국가에서 직접 판매를 담당하는 관매법으로서 민간상인의 개업을 철저하게 배제하였다. 이렇게 철저한 통제를 가했던 것은 소금의 생산지가 반도의 3면에 걸쳐 있어 곳곳에서 소금이 생산되기 때문에 사염의 단속이 용이하지 않았을 뿐 아니라 권세가의 세력이 강대해 민간에게 소금의 판매를 맡기는 통상법을 행할 경우 그들에 의한 사염의 제조와 사거래의 위험이 커질 수 있었기 때문이다. 그러나 각염법은 여러 가지 폐단이 노출되어 정상적인 시행을 보지 못하였고 더욱이 철저한 전매제의 시행을 뒷받침할 만큼 국가통제력이 강력하지 못해 시행 뒤 얼마 되지 않아 권호들에 의한 염분의 탈점현상이 나타나 소금의 공급은 더욱 부족하게 되었다. 그리하여 결국 백성의 부담만 가중시키는 결과를 초래하게 되었고 따라서 각염법은 소금의 전매를 통한 국가재원의 확보보다 그와는 무관한 염세라는 명목의 새로운 세원의 신설을 통한 재정확보를 꾀함으로써 각염법이 가지는 본래의 의미를 상실하게 되었다.

29-1　각염법은 고려 후기 충선왕 때 실시한 기록이 나타나는 것으로 보아 충선왕 때 처음 출현하였음을 알 수 있다. ① ② ③

29-2　고려 정부는 국가에서 직접 관매법으로 소금 판매를 담당하여 민간상인의 개업을 철저히 배제하였다. ① ② ③

29-3　각염법은 여러 가지 폐단과 함께 소금 공급의 부족현상으로 고려 멸망과 함께 폐지되고 말았다. ① ② ③

해설 29-1. 각염법이 언제 처음 출현된 것인지는 정확하지 않다.
　　　29-2. 어느 경우에나 국가에서 직접 판매를 담당하는 관매법으로서 민간상인의 개업을 철저하게 배제하였다.
　　　29-3. 위 지문을 통해서는 알 수 없다.

30

삼국시대 가야 영역에서 만들어진 고분들을 통틀어 가야고분이라 한다. 가야는 삼국시대 낙동강 서쪽의 영남지방에 자리하고 있던 여러 정치체의 통칭으로 삼한 가운데 변한의 소국들로부터 발전하였으나 하나의 국가로 통합되지 못한 채 분산적으로 존재하다가 6세기 중엽 신라에 모두 흡수되었다. 이에 따라 가야고분의 중심지도 한 군데가 아니라 여러 곳에 분산적으로 존재하며 대표적인 것으로 금관가야의 중심지인 김해의 대성동고분군, 대가야의 중심지인 고령 지산동고분군, 아라가야의 중심지인 함안 말산리고분군·도항리고분군, 그리고 소가야의 중심지인 고성 송학동고분군 등이 있다. 한편 최근에는 호남 동부지역에서도 가야고분이 조사되어 가야의 영역이 이곳까지 뻗쳐 있었던 것으로 밝혀지고 있다. 가야 고분의 묘제는 덧널무덤으로부터 시작하여 구덩이식 돌덧널무덤으로 변천되었고 말기에는 굴식 돌방무덤도 일부 축조되었다. 그 중에서도 특히 삼한 가운데 변한으로부터 삼국시대 가야로의 전환을 가장 잘 보여주는 대표적인 고분은 김해 대성동고분군의 대형 덧널무덤들이다. 금관가야 국왕의 묘가 분명한 이 대형 덧널무덤들은 3세기 후반부터 대성동고분군에 조영되기 시작하였다. 이들은 앞 시기인 원삼국시대 후기의 직사각형 덧널무덤으로부터 발전한 것이지만 입지와 규모, 부장된 유물의 매납 등에 있어서 이전 시기와는 현격한 차이가 있어 가야고분의 출현을 보여주고 있다. 대성동 29호분은 구릉에 단독으로 입지한 최초의 대형 덧널무덤으로서 지하에 토광을 파고 설치한 덧널 안에서는 순장이 처음으로 확인되었다. 또한 이곳에는 부장품을 매납하기 위한 부곽이 아직 따로 설치되지는 않았지만 피장자의 발치 쪽에 토기를 대량 배치한 부장 공간이 구획되어 있었다. 그리고 그 뒤의 13호분부터는 피장자가 안치된 주곽과 피장자 발치 쪽의 부곽을 각각 따로 토광을 파고 설치하였다.

30-1 보통 원삼국시대라 함은 고구려·백제·신라·가야가 생기기 이전부터 한반도에 정착해 있었던 마한·변한·진한을 일컫는 말이다. ① ② ③

30-2 가야 고분들 중 삼한 가운데 변한으로부터 삼국시대 가야로의 전환을 가장 잘 보여주는 대표적인 고분은 대가야의 김해 대성동고분군의 대형 덧널무덤들이다. ① ② ③

30-3 김해 대성동고분군에서는 순장이 처음으로 확인되었다. ① ② ③

> ✔해설 30-1. 위 지문을 통해서는 알 수 없다.
> 30-2. 김해 대성동고분군의 대형 덧널무덤들은 금관가야 국왕의 묘이다.
> 30-3. 대성동 29호분은 구릉에 단독으로 입지한 최초의 대형 덧널무덤으로서 지하에 토광을 파고 설치한 덧널 안에서는 순장이 처음으로 확인되었다.

Answer → 29-1.② 29-2.① 29-3.③ 30-1.③ 30-2.② 30-3.①

개나리는 꽃과 나무의 형태가 매우 아름답고 이른 봄에 꽃이 피며 병충해와 내한성이 강하고 아무 곳에서나 잘 자라기 때문에 중요한 관상수로서 오래 전부터 공원·가정 및 노변에 심어져 왔다. 열매는 한방에서 연교라고 하여 배농(고름을 짜냄)·해독·살충·임파선염·종기·소염·월경불순·이롱(귀가 먹음) 등에 이용되었으며 열매껍질의 추출물이나 분해물은 항균작용이 있는 것으로 알려져 있다. 그러나 개나리는 열매가 많이 열리지 않으므로 주로 약재로는 의성개나리(약개나리)의 열매가 쓰였다. 이러한 의성개나리 열매는 경상북도 의성지방에서 많이 재배하였고 연간 1만2000kg 정도 생산하여 전국에 공급해 왔으나 현재는 시가의 폭락으로 거의 재배되지 않는다. 또한 개나리의 꽃에는 색소배당체가 함유되어 있어 개나리 술을 빚어 마시면 여성의 미용과 건강에 좋다는 말이 있다.

개나리 술을 담그는 방법은 봄철에 개나리꽃을 소주 1ℓ에 500g 비율로 넣고 밀봉하여 그늘에 약 2개월간 묻어두면 색이 곱고 향기가 높은 맛좋은 술이 된다. 이를 식전 또는 취침 전에 한두 잔씩 마시면 미용건강에 효과가 있다는 것이다. 또 가을에 열매를 따서 말려 소주 1ℓ에 200g의 비율로 넣어 약 3개월 저장하여 두면 연교주가 되는데 이는 개나리 술보다 향기가 적고 맛은 없으나 약효가 좋다고 한다.

개나리꽃의 유래에 대해서는 다음과 같은 설화가 전해지고 있다. 어느 부잣집에 스님이 시주를 청하러 갔더니 부자는 "우리 집엔 개똥도 없소."라고 하면서 박대를 했지만 이웃의 가난한 사람은 정성껏 시주를 했다. 그러자 스님이 짚으로 멱둥구미(짚으로 둥글게 만든 곡식을 담는 소쿠리 같은 그릇) 하나를 만들어 주고는 사라졌는데 그 속에서 쌀이 계속 쏟아져 나와 가난한 사람은 금방 부자가 되었다. 이웃 부자가 이 사실을 알고는 몹시 원통해 하였는데 이듬해에 그 스님이 또 시주를 청하러 왔다. 부자가 이번에는 쌀을 시주하자 스님이 역시 멱둥구미 하나를 만들어 주고는 사라졌는데 열어보았더니 쌀 대신 개똥이 가득 들어 있었다. 주인이 놀라 그것을 울타리 밑에다 묻어두었는데 거기서 개나리꽃이 피게 되었다는 것이다.

31-1 개나리꽃으로 만든 술은 여성의 미용과 건강에 도움을 준다. ① ② ③

31-2 개나리꽃의 유래를 전하는 설화를 근거로 개나리꽃과 개똥이 연관되어 있음을 알 수 있다. ① ② ③

31-3 개나리는 약재로도 쓰이고 식용으로도 쓰였지만 관상수로는 쓰이지 않았다. ① ② ③

✔해설 31-1. 지문에 제시된 내용이다.
31-2. 위 지문을 통해서는 개나리꽃과 개똥과의 연관성에 대해 알 수 없다.
31-3. 개나리는 관상수, 약재, 식용 등 다양한 형태로 사용되었다.

32

    1560년 명나라 장수 척계광이 절강현 참장으로 있을 당시 왜구를 소탕하기 위해 편찬한 것이 「기효신서」다. 「기효신서」는 권1 속오편부터 권18 치수병편에 이르기까지 총 18권으로 이루어졌는데 당시 왜구는 주로 명나라 해안선을 따라 습지가 많은 중국 절강지방 등을 노략하였다. 하지만 이를 소탕하는 데에는 종래 북방 유목민족을 소탕하기 위해 편제된 군제와 무기 및 전술이 적합하지 않았고 왜구의 기습적인 침략에 대비하기 위하여 소부대의 운용과 접근전에 적합한 전술을 고안할 필요가 있었다. 그렇게 해서 편찬된 책이 「기효신서」다.

    이 책에 나와 있는 병법을 절강지방에서 나왔다 하여 절강병법이라고도 하는데 이는 명확한 지휘편제와 연대책임을 강조하는 속오법을 채택하고, 조총 · 등패 · 낭선 · 장창 · 권법 등 다양한 무기와 전술을 구사하는 것이 특징이다.

    이 책이 우리나라에 알려진 것은 임진왜란 이듬해인 1593년(선조 26) 1월 평양성 전투 후였다. 여기서 선조는 명나라의 이여송의 군대가 「기효신서」의 전법으로 왜군을 격퇴하였다는 소식을 듣고 이 책을 입수하여 그 전법을 연구토록 하였고 훗날 「무예도보통지」 등 병서편찬에 많은 영향을 주었다. 또한 조선은 이후 이 책의 속오법과 삼수기법을 받아들여 중앙군으로는 훈련도감, 지방군으로는 속오군을 설립하였다.

32-1 조선시대 병법서인 「무예도보통지」는 「기효신서」 편찬에 많은 영향을 주었다. ① ② ③

32-2 「기효신서」는 빈번하게 노략질을 하는 왜구를 물리치기 위해 명나라 장수 척계광이 편찬한 병서이다. ① ② ③

32-3 척계광이 「기효신서」를 편찬한 후 명나라에서의 왜구들의 노략질은 완전히 사라졌다. ① ② ③

✔해설 32-1. 「기효신서」가 조선시대 병법서인 「무예도보통지」 편찬에 많은 영향을 주었다.
        32-2. 지문에 제시된 내용이다.
        32-3. 지문을 통해서는 알 수 없다.

Answer→ 31-1.① 31-2.③ 31-3.② 32-1.② 32-2.① 32-3.③

33

> 우리나라 전선의 구조와 형식은 주로 해적선과의 싸움을 통해 발전되었다. 고려 때부터 여진 해적이나 왜구와의 싸움에서 우리가 주로 사용한 전술은 배를 부딪쳐 해적선을 깨뜨리는 방법이나 화포를 사용하여 적선을 소각시키는 것이었던 반면 해적들은 상대방의 배에 접근한 후 배 위로 뛰어들어 싸우는 육박전을 주로 사용하였다. 이것을 막기 위해서는 적이 우리의 배에 뛰어들지 못하게 해야 했는데 그러한 생각에서 나온 것이 이른바 '거북선'이었다.
>
> 거북선의 정식 명칭은 '귀선'으로 조선 수군의 주력 전선인 판옥선의 상체 부분을 개량해 덮개로 덮은 구조다. 거북선에 대한 최초의 문헌기록은 「태종실록」에 나오는데 이 기록에 따르면 1413년(태종 13)에 임금이 임진나루를 지나다가 거북선과 왜선이 서로 싸우는 상황을 구경하였다고 한다. 또 1415년 탁신은 국방 문제를 논하면서 "거북선의 법은 많은 적과 충돌하여도 적이 능히 해를 입히지 못하니 가히 결승의 좋은 계책이라고 하겠습니다. 다시 견고하고 교묘하게 만들게 하여 전승의 도구를 갖추게 하소서"라는 의견을 제시하였다. 이를 통해서 알 수 있듯이 거북선의 제도는 이미 조선 초기에 갖추어져 있었다. 하지만 태종 때 만들어진 거북선은 그 후 적극적으로 활용되지 않았던 것 같고, 이것이 임진왜란 때 이순신에 의해 다시 등장하게 된 것이다.

33-1 거북선은 15세기 당시 세계 최초의 철갑선이었다. ① ② ③

33-2 고려시대 때부터 해적이나 왜구를 상대로 우리가 주로 사용한 전술은 상대 배 위로 올라가 싸우는 육박전이었다. ① ② ③

33-3 거북선은 당시 조선 수군의 주력 전선이었던 판옥선을 개량해 만든 것이다. ① ② ③

> **✔ 해설** 33-1. 지문을 통해서는 알 수 없다.
> 33-2. 고려시대 때부터 해적이나 왜구를 상대로 우리가 주로 사용한 전술은 배를 부딪쳐 해적선을 깨뜨리는 방법이나 화포를 사용하여 적선을 소각시키는 것이었다.
> 33-3. 지문에 제시된 내용이다.

34

결핵은 과거 사람에 걸리는 인형결핵 이외에 소에 걸리는 우형결핵이 전파되기도 했다. 인형결핵균이 사람 몸에 침입하면 미열과 전신증상을 일으키나 주로 폐에 침입하여 폐결핵을 일으킨다. 현재 우리나라에서 폐결핵은 제3종 법정전염병으로 지정되어 있다.

이러한 결핵은 환자 발생 수·사망자 수로 보아 우리나라 전염병 중 가장 중시되는 위치를 차지하며 최근에는 발병자 수의 비율이나 사망률이 급격히 감소하고 있지만 계속 질병관리에 힘써야 할 전염병 중 하나다.

결핵은 결핵환자의 기침·재채기 등을 통해서 직접 흡입되거나 공기 중의 균을 흡입하여 전염되며 그 밖에 결핵균에 오염된 일상용품·식기 등을 통해 간접적으로 전염될 수도 있으나, 직접감염에 비해 비중은 크지 않다. 일반적으로 결핵은 유전적 요인 이외에 과로·영양실조 등이 원인이 되어 발병되므로 '소모병'이라 부르기도 한다.

전통적으로 동양의학에서는 결핵을 허로·폐로·골증·전시·노채·풍로 등의 명칭으로 사용하는데 이 중 서양의학에서의 소모병과 비슷한 노채는 말기에 이른 결핵을 말한다.

서양의학에서도 전염병은 전염병균이라는 한 가지 요인으로 발생된다는 단일병인론이 거론된 바 있으나, 그 뒤 사회·경제·문화적인 요인들이 병균감염과 발병과정에 깊이 관여된다는 복수병인론이 도입되었다. 따라서 결핵의 관리개념도 단순히 병원균 제거라는 차원에서부터 감염유발·발병촉진 등의 모든 요인을 제거한다는 차원으로 변하였다.

34-1 결핵은 결핵환자의 기침·재채기 등을 통해 직접 흡입되거나 공기 중의 균을 흡입하여 전염되는 등의 직접감염만 있을 뿐 간접적으로는 전염되지 않는다. ① ② ③

34-2 결핵은 현재 우리나라에서 사망률이 급격히 감소하고 있지만 여전히 사망률 1위의 질병으로서 질병관리에 힘써야 하는 전염병이다. ① ② ③

34-3 현재 우형결핵은 완전히 사라졌다. ① ② ③

> ✔해설 34-1. 결핵은 직접감염 외에도 결핵균에 오염된 일상용품·식기 등을 통해 간접적으로 전염될 수 있다.
> 34-2. 결핵이 여전히 우리나라 사망률 1위의 질병인지에 대해서는 지문을 통해 알 수 없다.
> 34-3. 지문을 통해 알 수 없다.

Answer ▸ 33-1.③ 33-2.② 33-3.① 34-1.② 34-2.③ 34-3.③

35

고구려시대 민간 교육 훈련 기관으로 경당을 들 수 있다. 경당에 대해서는 「구당서」·「신당서」에서 각각 다음과 같이 설명하고 있다. 즉 "서적을 사랑하는 풍속이 있다. 가난해서 천한 일에 종사하는 집에서까지 각기 네거리에 큰 집을 지어 이를 경당이라고 부른다. 혼인하기 전의 자제들이 밤낮으로 그 곳에서 독서를 하거나 또는 사격술을 습득한다."라 하고, 또 "사람들이 학문을 좋아해 가난해서 천한 일에 종사하는 집에서까지 서로 절약해 길가에 모두 엄옥을 지어 그것을 경당이라고 부른다. 미혼의 자제들이 그 곳에 모여 경전을 암송하고 사격술을 습득한다."라고 하였다. 이로 말미암아 경당은 지방의 촌락에 설치했던 미혼의 평민층 자제를 위한 교육기관으로 짐작되며 여기에서는 경전과 사격술을 가르쳤음을 알 수 있다.

경당이 최초로 설치된 것이 언제인지 정확한 시기는 알 수 없지만 고구려 건국 초기부터 촌락 공동체 속에 남아 있던 원시적인 미성년 집회를 국민개병제의 원칙에 입각한 군사 조직으로 개편하는 과정에서 제정된 것으로 추측한다.

그렇다면 중앙에 상류층의 자제를 교육하는 관학으로서의 태학이 설립된 372년(소수림왕 2) 이후, 특히 427년(장수왕 15) 평양으로 천도한 이후 어느 시기에 경당이 설립되었다고 생각할 수 있다.

경당의 기원이나 성립 배경, 성격 모두가 신라의 화랑도와 비교될 수 있는 것으로 짐작되며, 이런 점으로 볼 때 경당은 단순한 교육 기관이 아닌 군사 훈련 기관으로서의 성격이 짙은 것으로 생각된다.

35-1 경당은 고구려시대 지방에 설립된 사학으로서 태학과 함께 고등교육을 담당하였다.
① ② ③

35-2 경당은 고구려시대 관학인 태학과 함께 372년에 설립되었다. ① ② ③

35-3 경당은 지방의 미혼 상류층 자제들을 위한 교육기관이었다. ① ② ③

✔ 해설 35-1. 경당이 고등교육을 담당했는지는 지문을 통해 알 수 없다.
35-2. 경당이 최초로 설립된 것이 언제인지 현재로서는 정확하게 알 수 없다.
35-3. 경당은 지방의 미혼 평민층 자제들을 위한 교육기관이었다.

36

민담의 현장성이란 매우 중요하다. 문헌민담이 문자를 해득할 수 있는 일부 유식계급 사이에서만 행해졌던 반면 구전민담은 문자의 사용이 시작된 뒤에도 오랫동안 문자와는 관계가 없었던 대다수의 민중 사이에서 구전된 문학이기 때문이다. 따라서 민담연구를 위한 구전민담의 자료 및 채록은 중요하고 기본적인 것이다. 어느 학문이건 자료가 필요하지 않은 경우는 없겠지만 민담자료의 경우 특히 현지조사에서 직접 얻은 원문 그대로의 것, 곧 현장성이 있는 자료여야 한다는 것이 그 특징이다. 그렇다고 해서 문헌자료가 쓸데없다는 것은 절대 아니다. 구전민담의 경우 그 이야기가 역사 속에서 확실히 전승되어 왔다는 증거를 찾을 수 없는 반면 민담의 역사를 확인할 수 있는 것은 증거가 남아있는 문헌기록을 통하는 수밖에 없기 때문이다. 물론 문헌민담의 경우 기록자 임의대로 고쳐서 기록하는 것이 심함을 자료 이용에 앞서 충분히 생각하지 않으면 안 된다.

설화의 하위 범주 중에서 특히 민담의 표현형식은 고정된 방법을 따르는 경향이 많다. 이러한 민담의 표현형식을 논할 때, 지금까지 가장 많이 언급되어 온 것은 서두와 결말의 형식이다.

예를 들면 민담의 서두는 늘 '옛날 어떤 곳에' 또는 '옛날 옛날 오랜 옛날' 따위로 시작된다. 또한 민담의 결말도 대개 고정된 형식을 유지하고 있는데 '이게 끝이오.' 등의 끝났음을 나타내는 말과 함께 '그래 잘 살다 죽었지.' 등의 행복한 결과를 나타내는 말, 혹은 '이건 어렸을 때 조부님께 직접 들은 얘기지요.'하면서 이야기의 출처를 밝히는 말, '모두 말짱 거짓말이지요.'하면서 이야기 자체의 신빙성에 대한 부정적 태도, '바로 엊그제가 잔칫날(혹은 장삿날)이었는데 내가 가서 잘 먹고 방금 오는 길일세.'하면서 해학적으로 이끄는 말 따위가 그것이다.

36-1 민담은 현장성이 매우 중요하다. ① ② ③

36-2 민담의 서두와 결말은 반드시 고정된 표현형식을 지켜야 한다. ① ② ③

36-3 민담은 신화와 전설, 설화 등과 함께 구비문학의 대표적인 장르이다. ① ② ③

✔ 해설 36-1. 지문에 제시된 내용이다.
36-2. 민담의 표현형식은 고정된 방법을 따르는 경향이 많지만 반드시 지켜야 하는 것은 아니다.
36-3. 지문을 통해서는 알 수 없다.

Answer → 35-1.③ 35-2.② 35-3.② 36-1.① 36-2.② 36-3.③

37

　　신라촌락문서는 닥나무로 만든 종이에 서원경(지금의 충청북도 청주)에 근접한 군에 속했을 것으로 추측되는 현의 관할 아래 있던 사해점촌(A촌)·살하지촌(B촌)·모촌(C촌)과 서원경의 직접 관할 아래 있던 모촌(D촌)의 사정이 해서체로 기재되어 있다.

　　4개 촌의 문서는 모두 ① 마을 이름 ② 마을 지역 ③ 연 ④ 사람 수 ⑤ 우마 ⑥ 토지 ⑦ 수목 ⑧ 호구의 감소 ⑨ 우마의 감소 ⑩ 수목의 감소 순으로 일정하게 기재되었다.

　　이처럼 국가가 촌을 대상으로 일체의 사항을 파악해 행정적으로 문서를 완결 지워 놓았다는 사실은 문서의 개별 촌이 행정 촌이었다는 의미가 된다. 개별촌은 보통 10~15호의 공연으로 이루어졌고 마을 지역은 반경이 1.3~3.7km 정도였다. 대개 자연촌락은 반경 730m 범위 내에서 형성되므로 문서상의 개별 촌은 2~3개의 자연촌으로 이루어진 행정 촌이었다고 할 수 있다.

　　C촌을 제외한 나머지 촌의 둘레는 A촌이 5,725보, B촌이 1만 2830보, 그리고 D촌이 4,800보였다. 문무왕 12년(672)에 쌓은 남한산성의 둘레 4,360보와 비교해보면 D촌은 남한산성보다 조금 더 크고, 나머지 촌은 2~3배정도 되었다. 따라서 당시의 마을 지역에는 주거지·경작지 뿐 아니라 산천이 포함되어 있었다. 하천 주위의 방천이나 야산은 우마의 방목과 채초에 이용되고 산림은 땔감마련을 위한 채목(採木)에 이용되었을 것이다.

　　촌별 인구는 ① 총 인구 수 ② 본래부터 있던 사람과 3년 사이에 출생한 사람의 수와 그 성별·연령별 인구 수 ③ 3년 사이의 전입자 수와 그 성별·연령별 인구 수 ④ 3년 사이의 전출자 수와 그 성별·연령별 인구 수 ⑤ 3년 사이의 사망자 수와 그 성별·연령별 인구 수, ⑥ 매매된 노비의 수 ⑦ 노비의 수 ⑧ 추기시에 감소된 호구 수 등으로 나누어 기록하였다.

　　이처럼 자세한 호구 파악은 국가가 재산의 다과에 따라 9등호제를 편성하고 그 호등에 따라 조용조와 군역을 부과하는 수취체제를 구축했기 때문이다. 다시 말해, 호구가 상세히 파악되었다고 하여 그것이 단순히 부역의 중심이 노동력의 수취에 있었다는 의미는 아닌 것이다.

37-1　신라촌락문서는 총 5개 촌에 대한 정보가 담겨있다. ① ② ③

37-2　신라촌락문서는 현재 일본에 소장되어 있다. ① ② ③

37-3　신라촌락문서는 촌역, 촌명, 연, 사람 수, 우마, 토지, 수목, 호구의 감소, 우마의 감소, 수목의 감소 순으로 일정하게 기재되어 있다. ① ② ③

　　✔해설　37-1. 신라촌락문서는 총 4개 촌에 대한 정보가 담겨있다.
　　　　　37-2. 지문을 통해서는 알 수 없다.
　　　　　37-3. 신라촌락문서는 촌명, 촌역, 연, 사람 수, 우마, 토지, 수목, 호구의 감소, 우마의 감소, 수목의 감소 순으로 일정하게 기재되어 있다.

38

아인슈타인은 중력의 정체를 "시간과 공간이 일체가 돼 이루는 물리적 실체인 시공간의 뒤틀림"으로 파악하는 관점에서 일반상대성 이론을 만들었는데 이에 따르면 질량을 가진 물체가 움직이거나 새로 생겨나거나 파괴되면 이에 따른 파동이 시공간의 일그러짐이라는 형태로 표현되고 이 물체의 질량이 매우 크다면 이를 관측하는 것도 가능해야 한다. 이런 중력장의 파동을 가리키는 말이 중력파다. 중력파는 질량을 가진 물체가 고속 운동을 할 때 방출하는 에너지 파동 즉, 물에 돌을 던지면 물결이 퍼져 나가듯 질량이 있는 물체가 움직이면 그 물체를 중심으로 시공간이 움직이며 파동이 생긴다는 개념이다.

아인슈타인의 이론 속에서만 존재하던 중력파는 2016년 2월 11일 미국 캘리포니아공대와 매사추세츠공대(MIT)를 포함한 레이저간섭계중력파관측소(LIGO) 연구단과 유럽 중력파 검출기인 버고(VIRGO) 연구단이 2015년 9월14일 블랙홀 2개가 자전하는 하나의 블랙홀로 합병되기 직전 0.15초간 발생한 중력파를 발견했다고 발표함으로써 그 실체가 증명됐다. 아인슈타인은 1915년 발표한 일반상대성 이론에서 질량이 있는 물체가 시공간을 휘게 하고 이 때문에 중력이 발생한다고 봤다. 그리고 질량이 있는 물체의 중력에 급격한 변화가 생기면 시공간이 흔들리면서 파동 형태로 전달된다고 예고했다. 하지만 이러한 중력파는 평소 일상에서 사람이 뛰어다닐 때도 발생하지만 워낙 미세한 파동으로 나타나 직접적인 검출이 어려웠다. 1969년부터 수많은 연구자들이 관측에 나섰으나 번번이 실패했고 그나마 1993년 미국 물리학자들이 2개의 중성자별에서 중력파의 존재를 간접 증명한 공로로 노벨상을 받았지만 이 또한 직접 중력파를 관측한 것은 아니었다.

38-1 이번 중력파 검출 성공으로 현재 빅뱅 이후 38만년 뒤부터 볼 수 있던 인류의 시야는 빅뱅 후 100만분의 1초 직후까지 더 먼 우주로 넓어지게 되었다. ① ② ③

38-2 중력파는 무거운 질량을 가진 물체에 급격한 변화가 생겨야 발생하기 때문에 평소 일상에서는 발생하지 않는다. ① ② ③

38-3 2016년 노벨물리학상은 중력파를 직접 검출하는데 성공한 레이저간섭계중력파관측소(LIGO) 연구단과 버고(VIRGO) 연구단이 받게 되었다. ① ② ③

✔해설 38-1. 지문을 통해서는 알 수 없다.
38-2. 중력파는 평소 일상에서 사람이 뛰어다닐 때도 발생한다.
38-3. 지문을 통해서는 알 수 없다.

Answer┌→ 37-1.② 37-2.③ 37-3.② 38-1.③ 38-2.② 38-3.③

39

원래 허리띠에 물건을 주렁주렁 매달고 생활하는 방식은 북방 유목 민족의 풍습이었다. 그들은 손칼이나 약통 등 평소 즐겨 사용하던 물건을 매달고 다녔는데, 중국의 남북조 시대부터 우리나라에 전래되었다.

그 후 원래 가지고 있던 실용성은 사라지고 비실용품으로 전환되면서 여러 가지 상징적인 의미를 지닌 장식품들이 부착된다. 이 장식품들 가운데 약통은 질병의 치료를, 굽은 옥은 생명의 존귀함을, 물고기는 식량을, 살포는 농사를 나타내며, 숫돌과 족집게는 칠기를 만들 때 사용하는 도구를 나타낸다. 허리띠의 주인공들이 당시의 왕이나 제사장들이었다는 사실을 감안한다면, 이들 장식품들에는 그들이 관장했던 많은 일들이 상징적으로 나타나 있음을 알 수 있다.

많은 장식품들이 부착된 허리띠는 평소에 사용할 수 없을 정도로 구조적으로 약하다. 이들 허리띠를 의식용이나 장례용품으로 간주하는 이유도 여기에 있다. 실제로 금으로 만든 허리띠의 경우 신라 고분에서 발견될 때는 왕이나 왕비의 허리춤에서 마치 황금빛 스커트를 입은 것처럼 화려하게 착장된 채 출토된다. 이 금제 허리띠는 얇게 금판을 오리고, 좌우 대칭으로 문양을 꾸미거나 풀잎 무늬를 뚫어 장식하여 매우 정교하고 화려하다. 이는 현세의 삶이 내세까지 이어진다는 사실을 굳게 믿고 사후의 안식처인 무덤 속으로 자신의 권세와 부를 그대로 가져가려 한 신라인들의 모습을 잘 보여준다.

39-1 허리띠는 의식용이나 장례용품으로 간주되었는데 많은 장식품들이 부착된 허리띠는 평소에 사용할 수 없을 정도로 구조적으로 약하기 때문이다.　① ② ③

39-2 원래 허리띠에 물건을 주렁주렁 매달고 생활하는 방식은 북방 유목 민족의 풍습이었다. ① ② ③

✔ 해설 39-1 지문의 제시된 내용이다.
39-2 지문의 첫번째 줄에 제시된 내용이다.

40

> 필수 지방산인 리놀렌산과 알파 리놀렌산은 인체에서 합성되지 않으므로 꼭 섭취해줘야 한다. 이것이 모자라면 아토피 피부염이나 성장장애 등의 부작용이 온다. 또 알파리 놀렌산(오메가3 지방산)이 부족하면 두뇌와 망막에 필요한 DHA가 부족해 학습능력과 시각기능이 떨어지게 된다. 'DHA가 머리에 좋다.'는 말은 여기에 근거한다. 그러나 과유불급이란 말처럼 전체 지방량이 신체의 25%를 넘으면 문제가 된다. 인체의 혈액이나 조직에 지방 함량이 높아지면 고혈압, 당뇨, 비만, 심장병, 뇌졸중 등 성인병이 생기며, 덩달아 유방암, 대장암, 전립선암의 발병률도 증가하게 된다.

40-1 필수 지방산인 리놀렌산과 알파 리놀렌산은 인체에서 합성되지 않는다. ① ② ③

40-2 리놀렌산과 알파 리놀렌산이 모자라면 아토피 피부염이나 성장장애 등의 부작용이 온다.
① ② ③

40-3 오메가3 지방산이 부족하면 고혈압, 당뇨, 비만, 심장병, 뇌졸중 등 성인병이 생긴다.
① ② ③

> ✔해설 40-1 필수 지방산인 리놀렌산과 알파 리놀렌산은 인체에 합성되지 않는다.
> 40-2 보기의 내용은 지문과 일치한다.
> 40-3 오메가3 지방산이 신체의 25%를 넘으면, 고혈압, 당뇨, 비만, 심장병, 뇌졸중 등 성인병이 생긴다.

Answer → 39-1.① 39-2.① 40-1.① 40-2.① 40-3.②

1 다음은 SY사에서 사원에게 지급하는 수당에 대한 자료이다. 2018년 7월 현재 부장 甲의 근무년수는 12년 2개월이고, 기본급은 300만 원이다. 2018년 7월 甲의 월급은 얼마인가? (단, SY사 사원의 월급은 기본급과 수당의 합으로 계산되고 제시된 수당 이외의 다른 수당은 없으며, 10년 이상 근무한 직원의 정근수당은 기본급의 50%를 지급한다)

구분	지급 기준	비고
정근수당	근무년수에 따라 기본급의 0~50% 범위 내 차등 지급	매년 1월, 7월 지급
명절휴가비	기본급의 60%	매년 2월(설), 10월(추석) 지급
가계지원비	기본급의 40%	매년 홀수 월에 지급
정액급식비	130,000원	매월 지급
교통보조비	• 부장 : 200,000원 • 과장 : 180,000원 • 대리 : 150,000원 • 사원 : 130,000원	매월 지급

① 5,880,000원 ② 5,930,000원

③ 5,980,000원 ④ 6,030,000원

✔해설 2018년 7월 甲의 월급은 기본급 300만 원에 다음의 수당을 합한 급액이 된다.
- 정근수당 : 10년 이상 근무한 직원의 정근수당은 기본급의 50%이므로 $3,000,000 \times 50\%$ = 1,500,000원이다.
- 명절휴가비 : 해당 없다.
- 가계지원비 : $3,000,000 \times 40\%$ = 1,200,000원
- 정액급식비 : 130,000원
- 교통보조비 : 200,000원

따라서 $3,000,000 + 1,500,000 + 1,200,000 + 130,000 + 200,000$ = 6,030,000원이다.

2 다음은 SY그룹 직원의 출장 횟수에 관한 자료이다. 이에 대한 설명 중 옳지 않은 것을 고르면? (단, 회당 출장 인원은 동일하며 제시된 자료에 포함되지 않은 해외 출장은 없다)

■ 최근 9년간 SY그룹 본사 직원의 해외 법인으로의 출장 횟수

(단위 : 회)

구분	2013	2014	2015	2016	2017	2018	2019	2020	2021
유럽 사무소	61	9	36	21	13	20	12	8	11
두바이 사무소	9	0	5	6	2	3	9	1	8
아르헨티나 사무소	7	2	24	15	0	2	4	0	6

■ 최근 5년간 해외 법인 직원의 SY그룹 본사로의 출장 횟수

(단위 : 회)

지역＼기간	2017년	2018년	2019년	2020년	2021년
UAE	11	5	7	12	7
호주	2	30	43	9	12
브라질	9	11	17	18	32
아르헨티나	15	13	9	35	29
독일	11	2	7	5	6

① 최근 9년간 두바이사무소로 출장을 간 본사 직원은 아르헨티나사무소로 출장을 간 본사 직원 수보다 적다.

② 2017년 이후 브라질 지역의 해외 법인 직원이 본사로 출장을 온 횟수는 지속적으로 증가하였다.

③ SY그룹 본사에서 유럽사무소로의 출장 횟수가 많은 해부터 나열하면 13년, 15년, 18년, 16년, 17년, 19년, 21년, 14년, 20년 순이다.

④ 2018~2019년에 UAE 지역의 해외 법인 직원이 본사로 출장을 온 횟수는 2019년 본사 직원이 유럽사무소로 출장을 간 횟수와 같다.

✔해설 ③ SY그룹 본사에서 유럽사무소로의 출장 횟수가 많은 해부터 나열하면 13년, 15년, 16년, 18년, 17년, 19년, 21년, 14년, 20년 순이다.

Answer┌→ 1.④ 2.③

3 다음은 2021년 SY사 추진 과제의 전공별 연구책임자 현황에 대한 자료이다. 전체 연구책임자 중 공학 전공의 연구책임자가 차지하는 비율과 전체 연구책임자 중 의학 전공의 여자 연구책임자가 차지하는 비율의 차이는? (단, 소수 둘째 자리에서 반올림한다)

(단위 : 명, %)

연구책임자 전공	남자		여자	
	연구책임자 수	비율	연구책임자 수	비율
이학	2,833	14.8	701	30.0
공학	11,680	61.0	463	19.8
농학	1,300	6.8	153	6.5
의학	1,148	6.0	400	17.1
인문사회	1,869	9.8	544	23.3
기타	304	1.6	78	3.3
계	19,134	100.0	2,339	100.0

① 51.1%p

② 52.3%p

③ 53.5%p

④ 54.7%p

 • 전체 연구책임자 중 공학 전공의 연구책임자가 차지하는 비율

$$\frac{11,680+463}{19,134+2,339}\times100=\frac{12,143}{21,473}\times100≒56.6\%$$

• 전체 연구책임자 중 의학 전공의 여자 연구책임자가 차지하는 비율

$$\frac{400}{19,134+2,339}\times100=\frac{400}{21,473}\times100≒1.9\%$$

따라서 전체 연구책임자 중 공학 전공의 연구책임자가 차지하는 비율과 전체 연구책임자 중 의학 전공의 여자 연구책임자가 차지하는 비율의 차이는 56.6 − 1.9 = 54.7%p이다.

4 다음은 SY사의 화학사업 및 식품사업 분야 사업 현황이다. '화학사업' 분야의 사업별 평균 지원액이 '식품사업' 분야의 사업별 평균 지원액의 5배 이상이 되기 위한 사업 수의 최대 격차는? (단, '화학사업' 분야의 사업 수는 '식품사업' 분야의 사업 수보다 큼)

(단위 : 억 원, %, 개)

구분	화학사업	식품사업	합
지원금(비율)	3,500(85.4)	600(14.6)	4,100(100.0)
사업 수	( )	( )	600

① 44개　　　　　　　　　　　② 46개

③ 48개　　　　　　　　　　　④ 54개

✔ **해설**　'화학사업' 분야의 사업 수를 x, '식품사업' 분야의 사업 수를 y라고 하면

$x + y = 600$ ……㉠

$\dfrac{3,500}{x} \geq \dfrac{3,000}{y} \rightarrow$ (양 변에 xy 곱함) $\rightarrow 3,500y \geq 3,000x$ ……㉡

㉠, ㉡을 연립하여 풀면 $y \geq 276.92\cdots$

따라서 '화학사업' 분야의 사업별 평균 지원액이 '식품사업' 분야의 사업별 평균 지원액의 5배 이상이 되기 위한 사업 수의 최대 격차는 '화학사업' 분야의 사업 수가 323개, '식품사업' 분야의 사업 수가 277개일 때로 46개이다.

02. 수리비평 » 57

5 다음은 SY그룹 계열사 중 식품사업 부문과 화학사업 부문에 관한 자료이다. 다음을 이용하여 A, B, C, D 중 두 번째로 큰 값은? (단, 지점은 역할에 따라 실, 연구소, 공장, 섹션, 사무소 등으로 구분되며, 하나의 지점은 1천명의 직원으로 조직된다)

구분	그룹사	편제	직원 수(명)
식품	삼양사(식품)	1지점	1,000
	삼양에프앤비	2지점	2,000
화학	삼양사(화학)	실 10지점, 공장 A지점	( )
	삼남석유화학	실 5지점, 공장 B지점	( )
	삼양화성	실 7지점, 공장 C지점	( )
	삼양이노켐	공장 D지점, 연구소 1지점	( )
	삼양공정소료(상해)유한공사	섹션 1지점, 사무소 1지점	2,000
	삼양화인테크놀로지	1지점	1,000
계		45지점	45,000

• 삼남석유화학과 삼양이노켐의 직원 수는 같다.
• 삼양사(화학)의 공장 수와 삼남석유화학의 공장 수를 합하면 삼양화성의 공장 수와 같다.
• 삼양사(화학)의 공장 수는 삼양이노켐의 공장 수의 절반이다.

① 3   ② 4
③ 5   ④ 6

 • 총 45지점이므로 A + B + C + D = 16이다.
• 삼남석유화학과 삼양이노켐의 직원 수가 같으므로 5 + B = D + 1이다.
• 삼양사(화학)의 공장 수와 삼남석유화학의 공장 수를 합하면 삼양화성의 공장 수와 같으므로 A + B = C이다.
• 삼양사(화학)의 공장 수는 삼양이노켐의 공장 수의 절반이므로 A = 0.5D이다.
위 식을 연립해서 풀면 A = 3, B = 2, C = 5, D = 6이므로 두 번째로 큰 값은 5이다.

6 다음은 사무용 물품의 조달단가와 구매 효용성을 나타낸 것이다. 20억 원 이내에서 구매예산을 집행한다고 할 때, 정량적 기대효과 총합의 최댓값은? (단, 각 물품은 구매하지 않거나, 1개만 구매 가능하며 구매 효용성 = $\dfrac{정량적\ 기대효과}{조달단가}$ 이다)

구분 \ 물품	A	B	C	D	E	F	G	H
조달단가(억 원)	3	4	5	6	7	8	10	16
구매 효용성	1	0.5	1.8	2.5	1	1.75	1.9	2

① 35

② 36

③ 37

④ 38

 해설

구분 \ 물품	A	B	C	D	E	F	G	H
조달단가(억 원)	3	4	5	6	7	8	10	16
구매 효용성	1	0.5	1.8	2.5	1	1.75	1.9	2
정량적 기대효과	3	2	9	15	7	14	19	32

따라서 20억 원 이내에서 구매예산을 집행한다고 할 때, 정량적 기대효과 총합이 최댓값이 되는 조합은 C, D, F로 9 + 15 + 14 = 38이다.

7 다음은 연도별 임신과 출산 관련 진료비에 관한 자료이다. 2016년 대비 2021년에 가장 높은 증가율을 보인 항목은? (단, 소수 둘째 자리에서 반올림한다)

(단위 : 억 원)

연도 진료항목	2016	2017	2018	2019	2020	2021
분만	3,295	3,008	2,716	2,862	2,723	2,909
검사	97	395	526	594	650	909
임신장애	607	639	590	597	606	619
불임	43	74	80	105	132	148
기타	45	71	53	52	54	49
전체	4,087	4,187	3,965	4,210	4,165	4,634

① 분만 ② 검사
③ 임신장애 ④ 불임

✔ 해설

① 분만 : $\dfrac{2,909-3,295}{3,295} \times 100 =$ 약 -11.7%

② 검사 : $\dfrac{909-97}{97} \times 100 =$ 약 837.1%

③ 임신장애 : $\dfrac{619-607}{607} \times 100 =$ 약 2.0%

④ 불임 : $\dfrac{148-43}{43} \times 100 =$ 약 244.2%

8 다음은 최근 5년간 혼인형태별 평균연령에 관한 자료이다. A~E에 들어갈 값으로 옳지 않은 것은? (단, 남성의 나이는 여성의 나이보다 항상 많다)

(단위 : 세)

연도	평균 초혼연령			평균 이혼연령			평균 재혼연령		
	여성	남성	남녀차	여성	남성	남녀차	여성	남성	남녀차
2017	24.8	27.8	3.0	C	36.8	4.1	34.0	38.9	4.9
2018	25.4	28.4	A	34.6	38.4	3.8	35.6	40.4	4.8
2019	26.5	29.3	2.8	36.6	40.1	3.5	37.5	42.1	4.6
2020	27.0	B	2.8	37.1	40.6	3.5	37.9	D	4.3
2021	27.3	30.1	2.8	37.9	41.3	3.4	38.3	42.8	4.5

① A - 3.0
② B - 29.8
③ C - 32.7
④ D - 42.3

✔해설 ④ D에 들어갈 값은 37.9 + 4.3 = 42.2이다.

9 다음은 2019~2021년도의 지방자치단체 재정력지수에 대한 자료이다. 매년 지방자치단체의 기준 재정수입액이 기준재정수요액에 미치지 않는 경우, 중앙정부는 그 부족분만큼의 지방교부세를 당 해년도에 지급한다고 할 때, 3년간 지방교부세를 지원받은 적이 없는 지방자치단체는 모두 몇 곳 인가? (단, 재정력지수 = $\dfrac{\text{기준재정수입액}}{\text{기준재정수요액}}$)

지방 자치단체 \ 연도	2019	2020	2021	평균
서울	1.106	1.088	1.010	1.068
부산	0.942	0.922	0.878	0.914
대구	0.896	0.860	0.810	0.855
인천	1.105	0.984	1.011	1.033
광주	0.772	0.737	0.681	0.730
대전	0.874	0.873	0.867	0.871
울산	0.843	0.837	0.832	0.837
경기	1.004	1.065	1.032	1.034
강원	0.417	0.407	0.458	0.427
충북	0.462	0.446	0.492	0.467
충남	0.581	0.693	0.675	0.650
전북	0.379	0.391	0.408	0.393
전남	0.319	0.330	0.320	0.323
경북	0.424	0.440	0.433	0.432
경남	0.653	0.642	0.664	0.653

① 0곳 ② 1곳

③ 2곳 ④ 3곳

해설 재정력지수가 1.000 이상이면 지방교부세를 지원받지 않는다. 따라서 3년간 지방교부세를 지원받은 적이 없는 지방자치단체는 서울, 경기 두 곳이다.

10 다음은 푸르미네의 에너지 사용량과 연료별 탄소배출량 및 수종(樹種)별 탄소흡수량을 나타낸 것이다. 푸르미네 가족의 월간 탄소배출량과 나무의 월간 탄소흡수량을 같게 하기 위한 나무의 올바른 조합을 고르면?

■ 푸르미네의 에너지 사용량

연료	사용량
전기	420kWh/월
상수도	40m³/월
주방용 도시가스	60m³/월
자동차 가솔린	160ℓ/월

■ 연료별 탄소배출량

연료	탄소배출량
전기	0.1kg/kWh
상수도	0.2kg/m³
주방용 도시가스	0.3kg/m³
자동차 가솔린	0.5kg/ℓ

■ 수종별 탄소흡수량

수종	탄소흡수량
소나무	14kg/그루·월
벚나무	6kg/그루·월

① 소나무 4그루와 벚나무 12그루

② 소나무 6그루와 벚나무 9그루

③ 소나무 7그루와 벚나무 10그루

④ 소나무 8그루와 벚나무 6그루

> ✔해설 푸르미네 가족의 월간 탄소배출량 = $(420 \times 0.1) + (40 \times 0.2) + (60 \times 0.3) + (160 \times 0.5)$ = $42 + 8 + 18 + 80 = 148kg$이다. 소나무 8그루와 벚나무 6그루를 심을 경우 흡수할 수 있는 탄소흡수량은 $(14 \times 8) + (6 \times 6) = 112 + 36 = 148kg$/그루·월로 푸르미네 가족의 월간 탄소배출량과 같다.

Answer ↱ 9.③ 10.④

|11~12| 다음은 국내 온실가스 배출현황을 나타낸 표이다. 물음에 답하시오.

(단위 : 백만 톤 CO_2 eq.)

구분	2015년	2016년	2017년	2018년	2019년	2020년	2021년
에너지	467.5	473.9	494.4	508.8	515.1	568.9	597.9
산업공정	64.5	63.8	60.8	60.6	57.8	62.6	63.4
농업	22.0	21.8	21.8	21.8	22.1	22.1	22.0
폐기물	15.4	15.8	14.4	14.3	14.1	(x)	14.4
LULUCF	−36.3	−36.8	−40.1	−42.7	−43.6	−43.7	−43.0
순배출량	533.2	538.4	551.3	562.7	565.6	624.0	654.7
총배출량	569.4	575.3	591.4	605.5	609.1	667.6	697.7

11 2020년 폐기물로 인한 온실가스 배출량은? (단, 총배출량＝에너지＋산업공정＋농업＋폐기물)

① 14.0　　　　　　　　　　② 14.1

③ 14.2　　　　　　　　　　④ 14.3

 $x = 667.6 - (568.9 + 62.6 + 22.1) = 14.0$

12 전년대비 총배출량 증가율이 가장 높은 해는?

① 2018년　　　　　　　　　② 2019년

③ 2020년　　　　　　　　　④ 2021년

 ① 2018년 : $\dfrac{605.5 - 591.4}{591.4} \times 100 \fallingdotseq 2.4(\%)$

② 2019년 : $\dfrac{609.1 - 605.5}{605.5} \times 100 \fallingdotseq 0.6(\%)$

③ 2020년 : $\dfrac{667.6 - 609.1}{609.1} \times 100 \fallingdotseq 9.6(\%)$

④ 2021년 : $\dfrac{697.7 - 667.6}{667.6} \times 100 \fallingdotseq 4.5(\%)$

┃13~15 ┃ 다음은 연도별 최저임금 현황을 나타낸 표이다. 물음에 답하시오.

(단위 : 원, %, 천 명)

구분	2016년	2017년	2018년	2019년	2020년	2021년	2022년
시간급 최저임금	6,030	6,470	7,530	8,350	8,590	8,720	9,160
전년대비 인상률(%)	8.06	7.30	16.38	10.89	2.87	1.51	5.05
영향률(%)	13.8	13.1	15.9	14.2	13.7	14.7	(x)
적용대상 근로자수	15,351	15,882	16,103	16,479	17,048	17,510	17,734
수혜 근로자수	2,124	2,085	2,566	2,336	2,343	(y)	2,565

* 영향률＝수혜 근로자수 / 적용대상 근로자수 × 100

13 2022년 영향률은 몇 %인가?

① 13.5% 　　　　　　② 13.9%

③ 14.2% 　　　　　　④ 14.5%

 2022년 영향률 : $\dfrac{2,565}{17,734} \times 100 \fallingdotseq 14.5(\%)$

14 2021년 수혜 근로자수는 몇 명인가?

① 약 234만3천 명 　　　② 약 256만5천 명

③ 약 257만4천 명 　　　④ 약 258만2천 명

 2021년 수혜 근로자수 : $17,510 \times \dfrac{14.7}{100} \fallingdotseq 2,574$ (＝약 257만4천 명)

Answer┏→ 11.① 12.③ 13.④ 14.③

15 표에 대한 설명으로 옳지 않은 것은?

① 시간급 최저임금은 매해 조금씩 증가하고 있다.

② 전년대비 인상률은 2018년이 가장 높다.

③ 영향률은 불규칙적인 증감의 추세를 보이고 있다.

④ 2023년의 전년대비 인상률이 2022년과 같을 경우 시간급 최저임금은 9,830원이다.

 ④ 2022년 시간급 최저임금은 9,160원이고 전년대비 인상률은 5.05%이므로 2023년의 전년대비 인상률이 2022년과 같을 경우 시간급 최저임금은 $9,160 \times \dfrac{105.05}{100} = 9,622.58 (=약$ $9,623원)이 되어야 한다.

▎16~17▎ 다음 표는 우리나라의 초고속인터넷 가입자 수에 대한 통계를 나타낸 것이다. 물음에 답하시오.

(단위: 천 명, %, 명)

구분	2013	2014	2015	2016	2017	2018	2019	2020	2021
가입자 수	12,190	14,043	14,710	15,475	16,349	17,224	17,860	18,253	
전년대비 증감율	2.3		4.7		5.6		3.7		
100명당 가입자 수	25.4	29.1	30.4	31.8	33.5	35.3	35.9	36.5	37.3

16 전년대비 가입자 수 증가율이 가장 높은 해는?

① 2014년 ② 2016년

③ 2018년 ④ 2020년

✔해설 ① 2014년 : $\dfrac{14,043 - 12,190}{12,190} \times 100 \fallingdotseq 15.2(\%)$

② 2016년 : $\dfrac{15,475 - 14,710}{14,710} \times 100 \fallingdotseq 5.2(\%)$

③ 2018년 : $\dfrac{17,224 - 16,349}{16,349} \times 100 \fallingdotseq 5.4(\%)$

④ 2020년 : $\dfrac{18,253 - 17,860}{17,860} \times 100 \fallingdotseq 2.2(\%)$

17 2021년의 전년대비 증가율이 2.657%일 때, 가입자 수는 약 몇 명인가? (단, 소수점 첫째 자리에서 반올림한다)

① 약 18,529명   ② 약 18,654명

③ 약 18,738명   ④ 약 18,845명

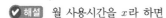 $18,253 \times \dfrac{(100 + 2.657)}{100} \fallingdotseq 18,738 (명)$

18 인터넷 통신 한 달 요금이 다음과 같은 A, B 두 회사가 있다. 한샘이는 B회사를 선택하려고 한다. 월 사용시간이 최소 몇 시간 이상일 때, B회사를 선택하는 것이 유리한가?

A회사		B회사	
기본요금	추가요금	기본요금	추가요금
4,300원	시간당 900원	20,000원	없음

① 16시간   ② 17시간

③ 18시간   ④ 19시간

✔ 해설   월 사용시간을 x라 하면

$4,300 + 900x \geq 20,000 \Rightarrow 900x \geq 15,700 \Rightarrow x \geq 17.444 \cdots$

따라서 매월 최소 18시간 이상 사용할 때 B회사를 선택하는 것이 유리하다.

|19~20| 다음은 강도, 절도 발생현황이다. 표를 보고 물음에 답하시오.

구분	2017년	2018년	2019년	2020년	2021년
강도	185	232	250	93	217
절도	405	516	544	271	599
합계	7,026	7,846	8,565	9,501	9,444

19 위의 표에서 알 수 있는 내용은?

① 강도 범죄는 해마다 증가하고 있다.

② 절도범의 대부분은 남자이다.

③ 절도 범죄는 2019년까지 증가하고 있다.

④ 강도 범죄는 주로 낮에 발생하며 절도 범죄는 밤에 발생한다.

> ✔ **해설** ① 2020년에는 전년도에 비해 발생 빈도가 줄어들었다.
> ② 절도범의 성별에 관해서는 알 수 없다.
> ③ 절도는 2019년까지 계속적으로 증가하고 있다.
> ④ 강도, 절도의 범죄가 행해지는 시간은 알 수 없다.

20 강도 및 절도의 발생 빈도의 합이 8,000건 이상인 해의 발생 건수를 모두 더하면?

① 27,510

② 28,720

③ 26,540

④ 37,285

> ✔ **해설** 발생 빈도의 합이 8,000건 이상인 해는 2019, 2020, 2021년이므로
> $8,565+9,501+9,444=27,510$

| 21~23 | 다음 〈표〉는 연도별 정부위원회 여성참여에 관한 자료이다. 표를 보고 물음에 답하시오.

<표1> 위원회

	2016년	2017년	2018년	2019년	2020년	2021년
위원회수(개)	1,292	1,346	1,431	1,494	1,651	1,792
여성참여 위원회(개)	1,244	1,291	1,431	1,454	1,602	1,685
여성참여 위원회 비율(%)	96	96	97	97	97	94

<표2> 위원

	2016년	2017년	2018년	2019년	2020년	2021년
위원수(명)	16,113	17,470	19,969	19,873	23,365	26,093
여성 위원수(명)	5,095	5,617	6,476	6,688	7,715	8,070

21 위의 표에 대한 설명으로 옳지 않은 것은?

① 여성참여 위원회가 점차 증가하고 있다.

② 여성 위원수는 해마다 증가하는 추세이다.

③ 2021년은 전년도에 비해 여성참여 위원회 비율이 떨어졌다.

④ 2017년에 작년에 비해 위원회 수가 가장 많이 증가했다.

> ✔해설 2017년에는 전년에 비해 54개가 증가했고, 2020년이 2019년에 비해 157개 증가로 위원회 수 증가가 가장 많이 증가한 해이다.

22 2021년은 2016년에 비해 위원수와 여성 위원수가 몇 명이나 증가했는가?

① 9,980명, 2,975명　　　　　② 8,950명, 2,556명

③ 7,568명, 2,865명　　　　　④ 6,548명, 2,668명

> ✔해설 26,093 − 16,113 = 9,980(명)
> 8,070 − 5,095 = 2,975(명)

Answer⌐→ 19.③　20.①　21.④　22.①

23 2021년의 여성 위원수 비율은? (소수점 첫째 자리까지 구하시오)

① 28.3%

② 31.6%

③ 30.9%

④ 35.7%

 $\dfrac{8,070}{26,093} \times 100 ≒ 30.9\,(\%)$

24 다음 표는 해상 어느 지점에서 깊이에 따른 수온을 1월과 7월에 측정한 것이다. 표를 보고 유추한 설명으로 옳은 것은?

	깊이(m)	0	10	20	30	50	75	100	125	150	200	250	300
수온	1월(℃)	8.87	8.88	8.87	8.86	7.60	6.68	4.49	4.67	4.63	3.86	1.39	1.12
	7월(℃)	24.54	18.50	13.24	11.08	7.63	5.39	2.95	1.84	1.58	1.31	1.13	0.96

① 모든 깊이에서 7월의 수온이 1월의 수온보다 높다.

② 1월의 수온은 깊이가 30m일 때 가장 높다.

③ 1월의 수온은 깊이가 깊을수록 낮아진다.

④ 7월의 수온은 깊이가 낮을수록 높아진다.

해설 ① 75m 이상에서는 1월의 수온이 높다.
② 1월의 수온은 10m일 때 가장 높다.
③ 10m, 125m일 때는 높아졌다.

25 다음은 A국가의 2011년부터 2021년까지 3G 통신망과 4G 통신망의 가입자 수 변화를 나타낸 것이다. 그래프에 대한 설명으로 옳지 않은 것은?

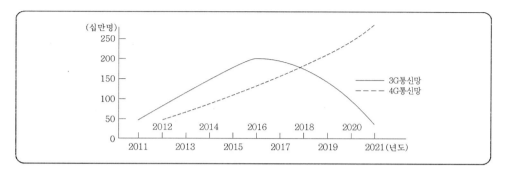

① 3G 통신망은 2016년 전까지는 가입자가 계속 증가하였다.

② 2018년 관점에서 판단하면 3G 통신망과 4G 통신망은 대체재적 성격을 갖는다.

③ 2021년 이후로 4G 통신망 가입자 수는 감소할 것이다.

④ 2016년 이후 3G 통신망 가입자 수는 점차 감소하는 추세이다.

✔해설 ③ 주어진 그래프 상에서는 4G 통신망 가입자가 증가추세에 있으므로 감소를 예측할 수 없다.

26 다음은 A지역 출신 210명의 학력을 조사한 표이다. A지역 여성 중 중졸 이하 학력의 비율은 얼마인가?

성별＼학력	초졸	중졸	고졸	대졸	합계
남성	10	35	45	30	120
여성	10	25	35	20	90
합계	20	60	80	50	210

① $\dfrac{11}{24}$

② $\dfrac{7}{18}$

③ $\dfrac{8}{9}$

④ $\dfrac{5}{8}$

✔해설 $\dfrac{초졸 + 중졸수}{여성수} = \dfrac{10+25}{90} = \dfrac{35}{90} = \dfrac{7}{18}$

Answer → 23.③ 24.④ 25.③ 26.②

|27~29| 다음은 서울시 산업체 기초통계조사이다. 물음에 답하시오.

구분	사업체(개)	종사자(명)	남자(명)	여자(명)
농업 및 임업	30	305	261	44
어업	9	991	785	206
광업	55	1,054	934	120
제조업	76,017	631,741	415,718	216,023
건설업	17,438	208,616	179,425	29,191
도매 및 소매업	231,047	825,979	490,841	335,138
숙박 및 음식점업	119,413	395,122	145,062	250,060
합계	444,009	2,063,808	1,233,026	830,782

27 다음 중 여성의 고용비율이 가장 낮은 산업은?

① 어업
② 제조업
③ 숙박 및 음식점업
④ 도매 및 소매업

 해설 ① $\frac{206}{991} \times 100 \fallingdotseq 20.8(\%)$

② $\frac{216,023}{631,741} \times 100 \fallingdotseq 34.2(\%)$

③ $\frac{250,060}{395,122} \times 100 \fallingdotseq 63.3(\%)$

④ $\frac{335,138}{825,979} \times 100 \fallingdotseq 40.6(\%)$

28 다음 중 광업에서 여성이 차지하는 비율은?

① 약 11.4%
② 약 12.5%
③ 약 13.8%
④ 약 14.4%

해설 $\frac{120}{1,054} \times 100 = 11.38 \fallingdotseq 11.4(\%)$

29 숙박 및 음식점업은 전체 사업체의 몇 %를 차지하는가?

① 약 16% ② 약 27%

③ 약 34% ④ 약 42%

✔ **해설** $\dfrac{119,413}{444,009} \times 100 = 26.89 ≒ 27(\%)$

30 다음은 인구 1,000명을 대상으로 실시한 미래의 에너지원의 수요예측에 대한 여론조사 자료이다. 이 자료를 통해 미래의 에너지 수요를 평가할 때 가장 옳은 설명에 해당하는 것은?

수요 예상 정도 \ 에너지원	원자력	석유	석탄
많음	51%	30%	25%
적음	40%	65%	68%
모름	9%	5%	7%

① 미래에는 석유를 많이 사용할 것이다.

② 미래에는 석탄을 많이 사용할 것이다.

③ 미래에는 석유보다 원자력의 사용이 늘어날 것이다.

④ 미래에는 원자력, 석유, 석탄 모두를 많이 사용할 것이다.

✔ **해설** ① 석유를 많이 사용할 것이라는 사람보다 적게 사용할 것이라는 사람의 수가 더 많다.
② 석탄을 많이 사용할 것이라는 사람보다 적게 사용할 것이라는 사람의 수가 더 많다.
④ 원자력을 많이 사용할 것이라는 사람이 많고 석유, 석탄은 적게 사용할 것이라는 사람이 많다.

Answer♩→ 27.① 28.① 29.② 30.③

31 다음은 서울특별시가 추진하는 사업의 비용편익분석을 수행해본 잠정적 결과를 표로 나타낸 것이다. 이 사업의 기대이익은 얼마인가?

이익(억 원)	확률(%)	이익(억 원)	확률(%)
1,000	0.1	300	0.2
300	0.3	−500	0.4

① 1억 원 ② 50억 원

③ 100억 원 ④ 0원

✔해설 $(1,000 \times 0.1) + (300 \times 0.3) + (300 \times 0.2) - (500 \times 0.4)$
$= 100 + 90 + 60 - 200 = 50(억 원)$

32 다음은 A 극장의 입장객 분포를 조사한 것이다. 도표의 내용과 다른 것은?

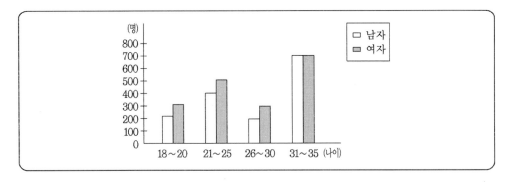

① 18~20세 사이의 전체 입장객은 500명이다.

② 18~20세 사이의 남자 200명은 극장에 갔다.

③ 여자보다 남자가 더 적게 극장에 갔다.

④ 31~35세 사이의 남성은 여성보다 더 많이 극장에 갔다.

✔해설 31~35세 사이의 남자와 여자의 입장객 수는 같다.

┃33~35┃ 다음은 3개의 공장이 3개의 제품을 하루에 생산해 내는 양을 나타낸 것이다. 물음에 답하시오.

구분	제품 Ⅰ	제품 Ⅱ	제품 Ⅲ
A 공장	180	120	50
B 공장	450	550	150
C 공장	70	40	50

33 3개의 제품 중 제품 Ⅰ의 비중이 가장 작은 공장은?

① A 공장　　　　　　　　　　② B 공장

③ C 공장　　　　　　　　　　④ 모두 같음

 ① A 공장 : $\dfrac{180}{180+120+50} = \dfrac{180}{350} \times 100 \fallingdotseq 51(\%)$

② B 공장 : $\dfrac{450}{450+550+150} = \dfrac{450}{1,150} \times 100 \fallingdotseq 39(\%)$

③ C 공장 : $\dfrac{70}{70+40+50} = \dfrac{70}{160} \times 100 \fallingdotseq 43(\%)$

34 제품 Ⅲ에 대한 3개 공장의 평균 생산량은?

① 약 75개　　　　　　　　　　② 약 83개

③ 약 100개　　　　　　　　　　④ 약 210개

 $\dfrac{50+150+50}{3} \fallingdotseq 83(개)$

35 3개의 공장 중 B 공장이 차지하는 제품 Ⅲ의 생산량 비율은?

① 40%　　　　　　　　　　② 50%

③ 60%　　　　　　　　　　④ 70%

 $\dfrac{150}{250} \times 100 = 60(\%)$

Answer ⌐→ 31.② 32.④ 33.② 34.② 35.③

┃36~38┃ 다음은 A, B, C 3개 대학 졸업생들 중 국내 대기업 (개, (내, (대, (래에 지원한 사람의 비율을 나타낸 것이다. 해당 물음에 답하시오(단, ( ) 안은 지원자 중 취업한 사람의 비율을 나타낸다).

(단위 : ℃)

학교＼그룹	(개그룹	(내그룹	(대그룹	(래그룹	취업 희망자수
A 대학	60%(50%)	15%(80%)	㉠%(60%)	5%(90%)	800명
B 대학	55%(40%)	20%(65%)	12%(75%)	13%(90%)	700명
C 대학	75%(65%)	10%(70%)	4%(90%)	11%(㉡%)	400명

36 다음 중 ㉠에 해당하는 수는?

① 15%   ② 20%

③ 30%   ④ 35%

✔해설 $100 - (60 + 15 + 5) = 20\,(\%)$

37 C 대학 졸업생 중 (래그룹에 지원하여 취업한 사람이 모두 30명이라 할 때 ㉡에 알맞은 수는?

① 24%   ② 30%

③ 45%   ④ 68%

✔해설   지원자수 $= 400 \times 0.11 = 44\,(명)$

44명 중 30명이 취업했으므로 그 비율은 $\frac{30}{44} \times 100 ≒ 68\,(\%)$

38 B 대학 졸업생 중 (대그룹에 지원하여 취업한 사람은 모두 몇 명인가?

① 60명   ② 63명

③ 74명   ④ 84명

✔해설   지원자 수 $= 700 \times 0.12 = 84\,(명)$
지원자 중 취업한 사람 수 $= 84 \times 0.75 = 63\,(명)$

▌39~41▐ 다음 표는 지역별 월별 평균 기온을 나타낸 것이다. 물음에 답하시오.

도시＼월	1월	4월	7월	10월
서울	−2.5	9.5	28.4	10.2
경기	−1.8	9.2	26.2	6.8
강원	−6.9	5.8	23.4	3.7
충청	1.2	8.3	25.1	4.3
제주	3.7	13.4	27.8	12.3

39 1월의 경우 제주지방은 서울지방에 비하여 평균기온이 몇 ℃높은가?

① 3.8℃   ② 5.4℃

③ 6.2℃   ④ 8.7℃

✔ 해설 $3.7-(-2.5)=6.2(℃)$

40 강원도지역의 1월과 7월의 평균기온 차이는 몇 ℃인가?

① 23.2℃   ② 28.2℃

③ 28.4℃   ④ 30.3℃

✔ 해설 $23.4-(-6.9)=30.3(℃)$

41 경기지역의 경우 7월과 10월 사이 3개월 동안 평균기온은 1개월마다 몇 ℃ 낮아졌는가?

① 3.0℃   ② 4.8℃

③ 5.3℃   ④ 6.5℃

✔ 해설 $\dfrac{26.2-6.8}{3} \fallingdotseq 6.5(℃)$

Answer ➡ 36.②   37.④   38.②   39.③   40.④   41.④

연역적 판단 / 도식적 추리

┃1~10┃ 다음에 제시된 예를 보고 $와 !에 들어갈 도형으로 옳은 것을 고르시오.

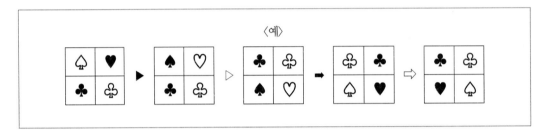

1

① ★ ♡

② ☆ ★

③ ★ ☆

④ ☆ ♥

✔ 해설 제시된 예의 규칙을 파악하면 다음과 같다.
　▶ 1행 색 반전
　▷ 1행과 2행 교환
　➡ 전체 색 반전
　⇨ 1열과 2열 교환

2

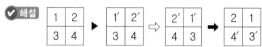

○	■
□	△

▶

●	□
□	△

⇨

□	●
△	□

▶

	$
!	

① ○ ▲

② ■ ○

③ ○ ■

④ ○ △

✔ 해설

1	2
3	4

▶

1′	2′
3	4

⇨

2′	1′
4	3

▶

2	1
4′	3′

3

□	△
♡	●

▷

♡	●
□	△

⇨

●	♡
△	□

▶

$	!

① ● △

② ○ ♥

③ △ □

④ ● ♡

✔ 해설

1	2
3	4

▷

3	4
1	2

⇨

4	3
2	1

▶

4′	3′
2	1

Answer ↱ 1.② 2.① 3.②

4

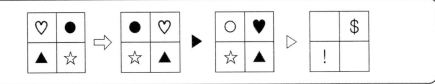

① ▲ ●   ② △ ○

③ △ ●   ④ ▲ ○

 해설

$$\boxed{\begin{array}{cc} 1 & 2 \\ 3 & 4 \end{array}} \Rightarrow \boxed{\begin{array}{cc} 2 & 1 \\ 4 & 3 \end{array}} \blacktriangleright \boxed{\begin{array}{cc} 2' & 1' \\ 4 & 3 \end{array}} \triangleright \boxed{\begin{array}{cc} 4 & 3 \\ 2' & 1' \end{array}}$$

5

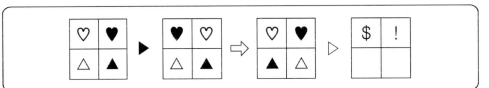

① ▲ △   ② △ ▲

③ ♡ ♥   ④ ♥ ♡

 해설

$$\boxed{\begin{array}{cc} 1 & 2 \\ 3 & 4 \end{array}} \blacktriangleright \boxed{\begin{array}{cc} 1' & 2' \\ 3 & 4 \end{array}} \Rightarrow \boxed{\begin{array}{cc} 2' & 1' \\ 4 & 3 \end{array}} \triangleright \boxed{\begin{array}{cc} 4 & 3 \\ 2' & 1' \end{array}}$$

6

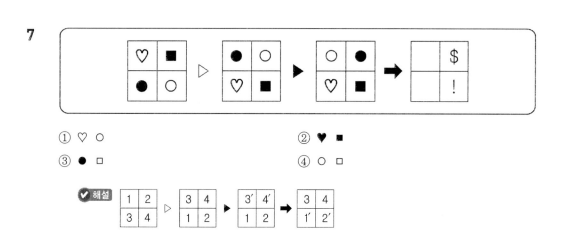

① ● ☆ 　　　　　　　　　② △ ■

③ ○ ★ 　　　　　　　　　④ ▲ □

✔해설

1	2
3	4

▶

1′	2′
3	4

⇨

2′	1′
4	3

▷

4	3
2′	1′

7

① ♡ ○ 　　　　　　　　　② ♥ ■

③ ● □ 　　　　　　　　　④ ○ □

✔해설

1	2
3	4

▷

3	4
1	2

▶

3′	4′
1	2

➡

3	4
1′	2′

Answer ⟶ 4.④   5.①   6.②   7.④

8

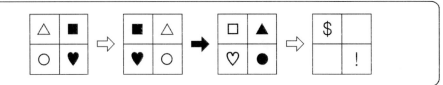

① △ ■   ② ○ ♥

③ ▲ ♡   ④ □ ♡

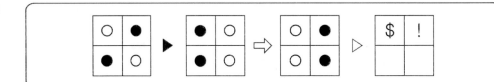

9

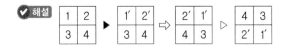

① ○ ●   ② ○ ○

③ ● ●   ④ ● ○

10

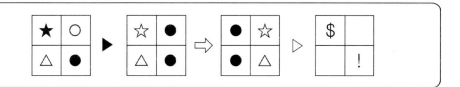

① ○ ☆   ② ● ☆

③ △ ●   ④ ▲ ○

1	2
3	4

▶

1′	2′
3	4

⇒

2′	1′
4	3

▷

4	3
2′	1′

Answer → 8.③ 9.① 10.②

▌11~20 ▌ 다음 주어진 [예제1]과 [예제2]를 보고 규칙을 찾아, [문제]의 A, B를 찾으시오.

11

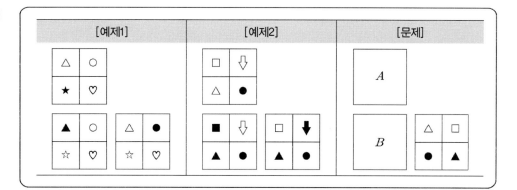

	A	B		A	B
①	△ ■ / ○ ▲	▲ ■ / ● ▲	②	△ □ / ● ▲	△ ■ / ○ ▲
③	▲ □ / ● △	△ ■ / ○ ▲	④	▲ ■ / ○ △	△ □ / ● ▲

✔ 해설　세로규칙 : 1열의 색 반전
　　　　가로규칙 : 1행의 색 반전

Answer ↪ 11.①

12

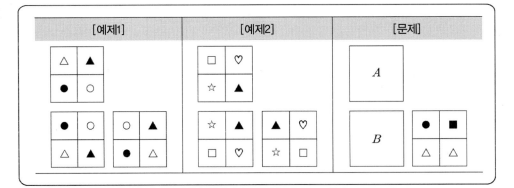

A	B	A	B

①

②

③

④

✔ **해설** 세로규칙 : 1행과 2행 바꿈
가로규칙 : 반시계 방향으로 한 칸씩 이동

13

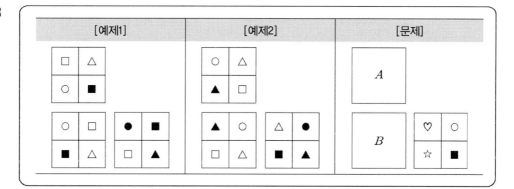

	A	B		A	B
①			②		
③			④		

✔해설 세로규칙 : 시계 방향으로 한 칸씩 이동
가로규칙 : 색 반전

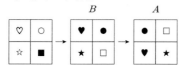

14

[예제1]	[예제2]	[문제]

	A	B	A	B
①			②	
③			④	

✔해설 세로규칙 : 반시계 방향으로 한 칸씩 이동
가로규칙 : 1열과 2열 바꿈

$$B \qquad A$$

♡	☆	→	☆	♡	→	♥	☆
○	♥		♥	○		○	♡

15

[예제1]	[예제2]	[문제]

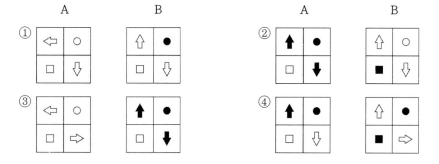

　　　A　　　　　B　　　　　　　　A　　　　　B

① ② ③ ④

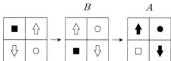 **해설** 세로규칙 : 색 반전

가로규칙 : 시계 방향으로 한 칸씩 이동

16

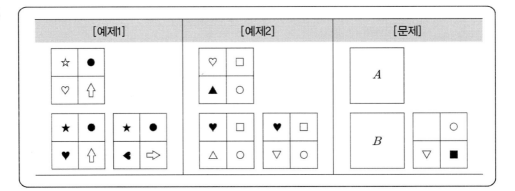

	A	B		A	B
①	♡ ○ / ▷ ■	♡ ○ / △ ■	②	♥ ○ / △ □	♥ ○ / □ △
③	♥ ○ / ▷ □	♥ ○ / ▽ ■	④	♡ ○ / ▶ ■	♥ ○ / ▷ ■

✔ 해설 세로규칙 : 1열의 색 반전

가로규칙 : 2행의 도형을 오른쪽으로 90˚ 회전

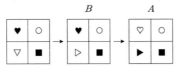

17

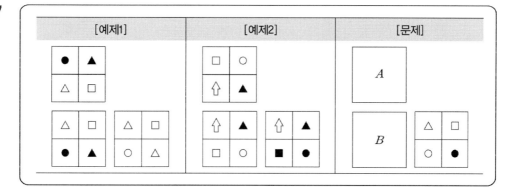

	A	B		A	B
①	□ △ ○ ●	△ □ ○ ●	②	● ○ △ □	△ □ ● ○
③	△ □ ○ ●	△ ■ □ ●	④	□ ○ △ ●	○ □ △ ▲

✔ 해설 세로규칙 : 1행과 2행 바꿈

가로규칙 : 2행의 색 반전

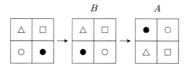

Answer → 16.④ 17.②

18

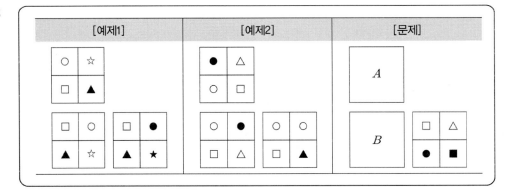

	A	B	A	B
①	▲ □ / □ ●	□ ▲ / ● □	②	▲ □ / □ ●	■ △ / ○ ■
③	□ ▲ / ● □	■ ○ / △ □	④	△ □ / □ ○	□ ● / △ □

✔해설 세로규칙 : 시계 방향으로 한 칸씩 이동
가로규칙 : 2열의 색 반전

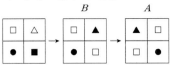

19

[예제1]	[예제2]	[문제]

A   B   A   B

① ② ③ ④

✔ 해설　세로규칙 : 1열의 색 반전
　　　　가로규칙 : 2행의 색 반전

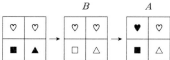

20

[예제1]	[예제2]	[문제]

[예제1]

☆	□
▲	○

▲	○		△	●
☆	□		★	■

[예제2]

♡	△
●	○

●	○		○	●
♡	△		♥	▲

[문제]

A

B		□	△
		●	♡

    A   B   A   B

①
●	♥
□	♡

□	△
●	♥

②
♥	○
♥	□

□	▲
○	♥

③
□	♡
○	♡

■	▲
○	♥

④
○	♥
■	▲

■	▲
○	♥

✔ 해설 세로규칙 : 1행과 2행 바꿈
가로규칙 : 색 반전

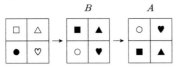

다음 주어진 조건에 따라 변환했을 때, '?'에 들어갈 알맞은 수를 구하시오.

	표시한 자리에 있는 문자 위치 바꾸기
	홀수끼리만 묶어서 시계방향으로 세 칸 이동
	음영의 위치를 시계방향으로 세 칸 이동
	색칠한 칸에 있는 문자를 수로 바꾸어 더하기
	색칠한 칸에 있는 문자를 수로 바꾸어 곱하기
	순서도 결과 값이 해당 수보다 큰지 판단하기
	순서도 결과 값이 해당 수보다 작은지 판단하기

A	B	C	D	E	F	G	H	I	J	K	L	M	N	O	P	Q	R	S	T	U	V	W	X	Y	Z
1	2	3	4	5	6	7	8	9	10	11	12	13	14	15	16	17	18	19	20	21	22	23	24	25	26

Answer⤷ 20.④

21

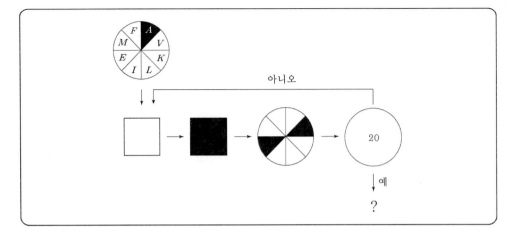

① 20 ② 21

③ 22 ④ 23

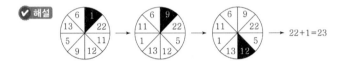

22+1=23

22

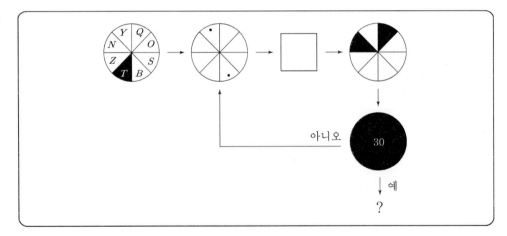

① 29 ② 30

③ 31 ④ 32

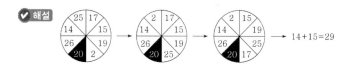 → 14+15=29

23

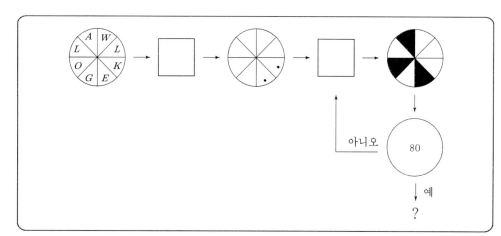

① 88   ② 100

③ 825   ④ 725

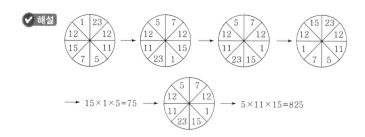

→ 15×1×5=75 → (원판) → 5×11×15=825

24

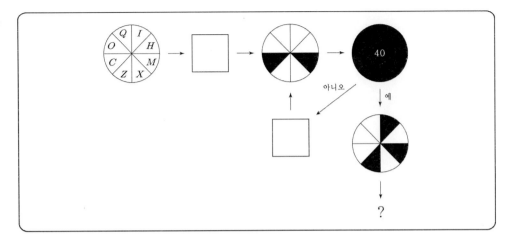

① 1000　　　　　　　　② 1100

③ 1150　　　　　　　　④ 1170

✔ 해설

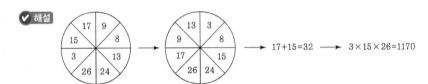

$17 + 15 = 32 \longrightarrow 3 \times 15 \times 26 = 1170$

25

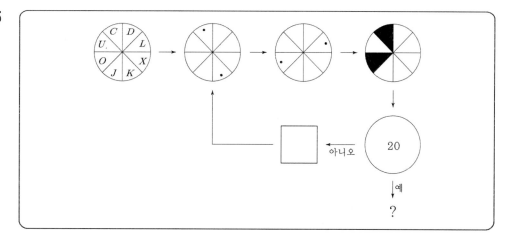

① 20   ② 21

③ 22   ④ 23

✔해설 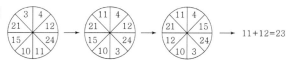 11+12=23

26

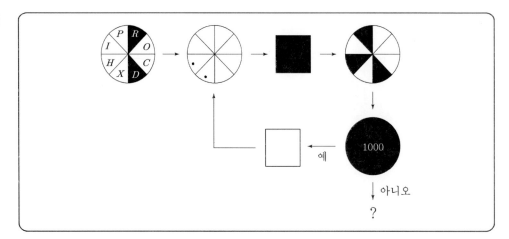

① 1342   ② 1456

③ 1536   ④ 1753

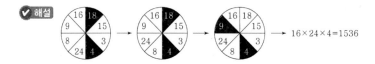

27

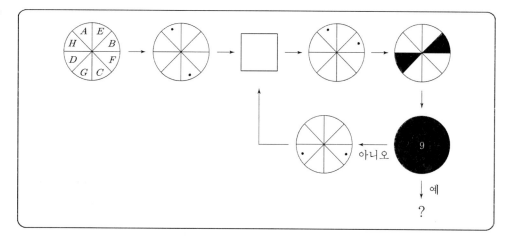

① 4   ② 6

③ 8   ④ 10

✔해설

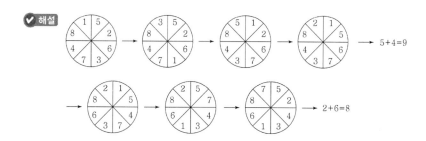

$5+4=9$

$2+6=8$

28

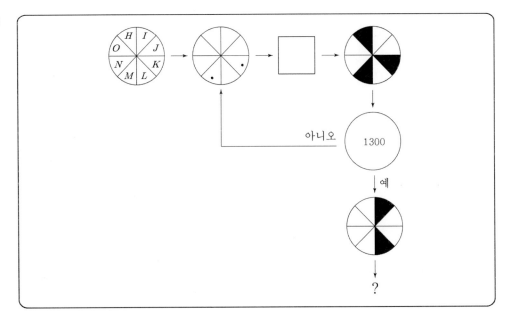

① 20   ② 25

③ 30   ④ 35

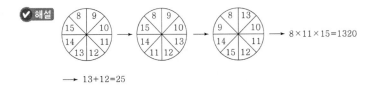

$\longrightarrow$ 13+12=25

$\longrightarrow$ 8×11×15=1320

29

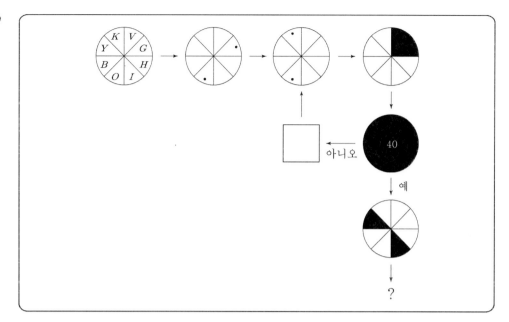

① 30

② 32

③ 33

④ 34

→ 25+9=34

30

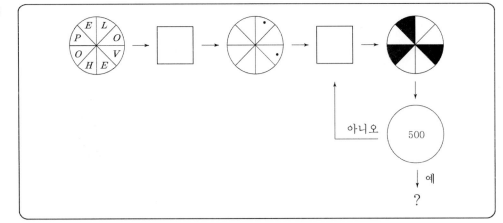

① 600 ② 700

③ 800 ④ 900

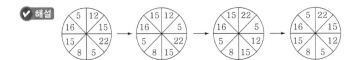

[규칙1] 1열과 3열의 도형 위치를 바꾼다.

[규칙2] 각 도형을 시계방향으로 90°회전시킨다.

[규칙3] 각 도형의 색을 반전한다.

[규칙4] 2행과 3행의 도형 위치를 바꾼다.

[규칙5] 각 도형을 좌우대칭한다.

Answer⤷ 30.④

31

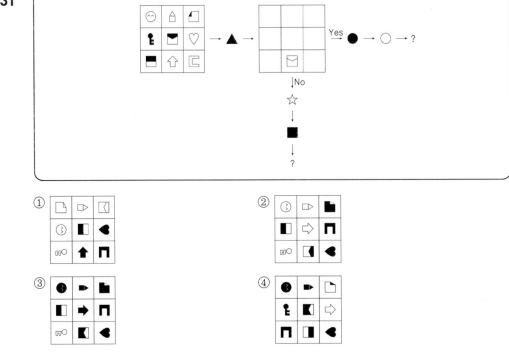

①
②
③
④

32

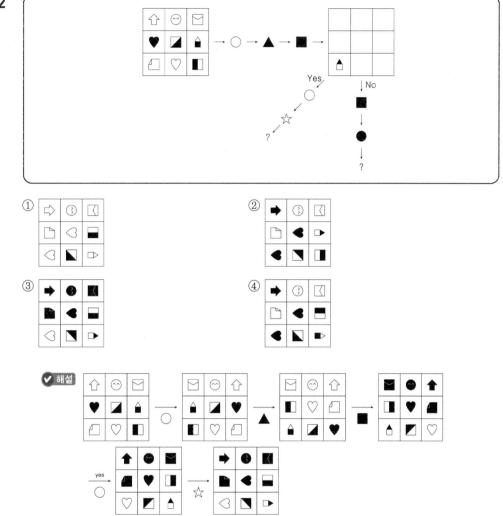

33

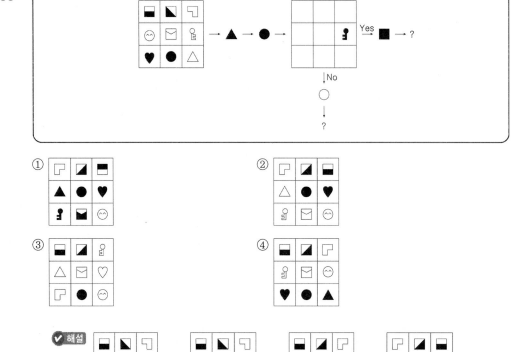

①
②
③
④

✔ 해설

34

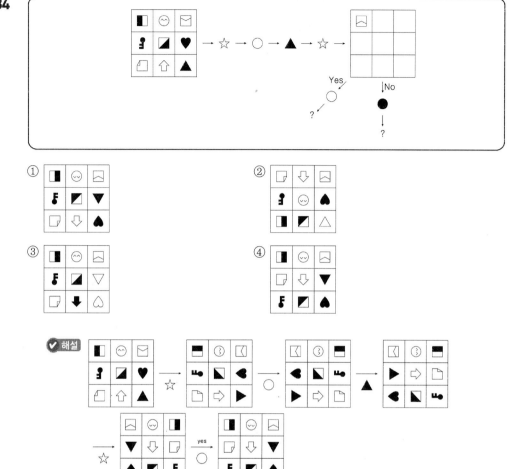

① ② ③ ④

✔ 해설

35

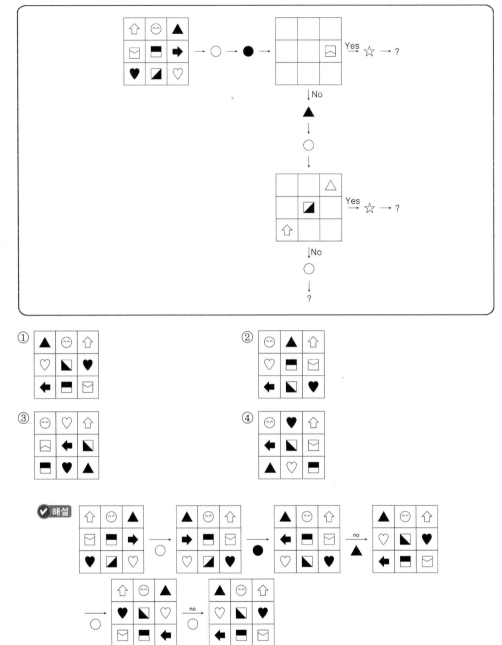

36

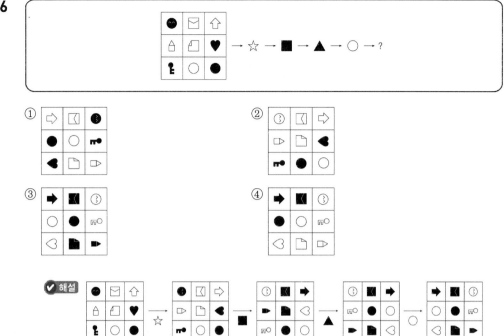

①

②

③

④

✔ 해설

37

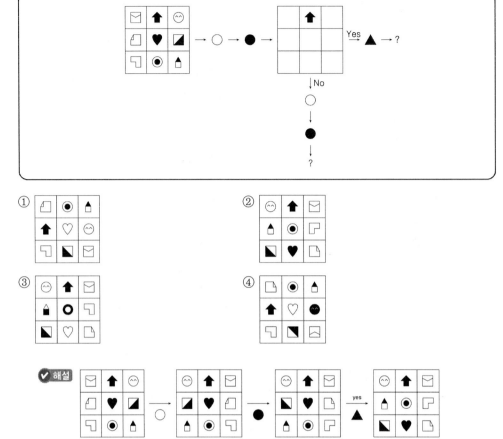

①

②

③

④

38

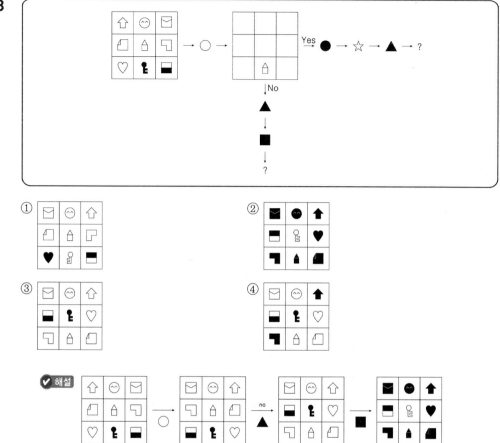

①
②
③
④

✔ 해설

39

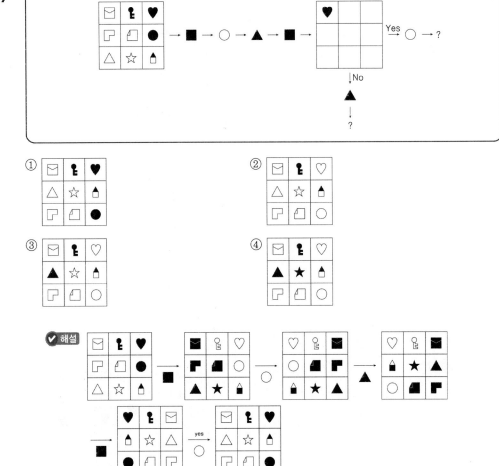

40

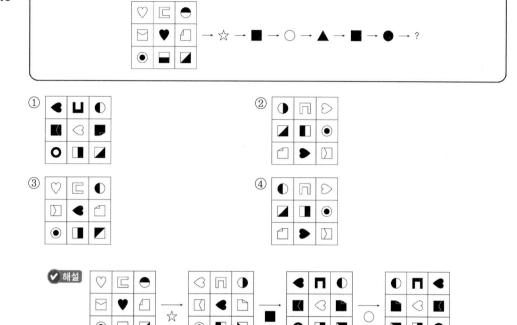

①

②

③

④

✔해설

PART

III

한국사 및 한자평가

01 한국사
02 한자

한국사

1 다음 설명 중 시대가 다른 하나는?

① 추수용 도구로 반달 돌칼을 사용하였다.

② 대표적인 토기는 빗살무늬 토기이다.

③ 무리 가운데 경험이 많은 사람이 지도자가 되었으나 정치권력을 갖지는 못하였다.

④ 바닥이 원형 또는 둥근 네모꼴인 움집에서 4~5명 정도의 가족이 거주하였다.

> ✔ 해설 ① 청동기시대
> ②③④ 신석기시대

2 각 나라별 생활과 풍속에 대한 설명으로 옳지 않은 것은?

① 고조선 – 남에게 상처를 입힌 자는 곡식으로 갚게 하였다.

② 부여 – 길흉을 점치기 위해 소를 죽였고, 매년 10월에 제천행사를 열었다.

③ 동예 – 다른 부족의 영역을 침범하면 노비와 소, 말로 변상하게 하였다.

④ 삼한 – 공동 노동을 위한 두레라는 조직이 있었으며 5월과 10월에 계절제를 치렀다.

> ✔ 해설 ② 부여는 수렵사회의 전통을 보여주는 제천행사로 12월에 영고를 열었다.

3 다음 중 발해에 관련한 설명으로 옳은 것은?

① 발해의 중앙관제는 고구려의 제도를 모방하여 3성 6부를 기본으로 하고 있었다.

② 발해의 지방조직은 9주 5소경으로 하였으며, 특히 말갈인의 전통적 질서를 유지시켰다.

③ 무왕은 당(唐)과 대립하면서 장문휴로 하여금 산둥반도를 공격하는 등의 모습을 보여 주었다.

④ 발해의 지배계층은 말갈인이 대부분이었고, 피지배층은 고구려 출신 귀족으로 구성되 었다.

① 발해의 중앙관제는 당의 제도를 모방하였다.

② 발해의 지방조직은 5경 15부 62주이다.

④ 발해의 지배층은 고구려 귀족 출신이 대부분이며 피지배층은 말갈인이었다.

4 다음 중 문벌귀족에 관한 설명으로 옳지 않은 것은?

① 과거제, 음서의 혜택, 공음전을 토대로 세력을 유지하였다.

② 상호 세력 간의 혼인 및 왕실 간의 혼인을 주도하였다.

③ 이들의 출신은 지방호족이나 6두품 계열로 구성되었다.

④ 불법적으로 노비를 소유하고, 대농장을 가지고 있었다.

④ 불법적으로 노비를 소유하고 대농장을 소유하고 있었던 세력은 권문세족이다.

5 다음 중 왕권강화를 위한 정책이 아닌 것은?

① 대농장을 소유하고 음서로 관직에 진출하였다.

② 녹읍을 폐지하고 관료전을 지급하였다.

③ 일반 백성에게 정전을 지급하고, 국가에 조를 바치게 하였다.

④ 지방관으로 하여금 민정문서를 작성하게 하여 3년마다 한 번씩 통계를 내게 하였다.

①은 권문세족에 관한 설명으로 왕권을 약화시켰다.

6 다음 중 고려시대의 역사서에 대한 설명으로 옳지 않은 것은?

① 사략 – 대의명분과 정통을 중시하는 성리학적 유교사관을 중심으로 서술되었다.

② 해동고승전 – 왕권을 중심으로 국가질서를 회복하려는 의식이 반영되었다.

③ 동명왕편 – 고구려 건국 영웅의 업적을 서사시의 형태로 저술하였다.

④ 제왕운기 – 우리나라의 역사를 단군에서부터 서술하면서 우리 역사를 중국사와 대등하게 파악하였다.

② 해동고승전 – 삼국시대의 승려 30여 명의 전기를 수록하였다.

Answer → 1.① 2.② 3.③ 4.④ 5.① 6.②

7 다음 기록을 통해 알 수 있는 사회의 모습으로 옳은 것은?

> 이 고을의 사해점촌을 조사해 보았는데, 지형은 산과 평지로 이루어져 있으며 마을의 크기는 5,725보, 공연의 수는 합하여 11호가 된다. 3년간에 다른 마을에서 이사 온 사람은 둘인데 추자가 1명, 소자가 1명이 있다.

① 호구조사는 20년마다 이루어졌다.
② 장례는 유교전통에 따라 치루어졌다.
③ 골품제도로 능력보다 신분이 중시되었다.
④ 자연재해시 왕이 교체되기도 하였다.

✔ 해설   제시된 내용은 통일신라시대의 민정문서로 촌주가 3년마다 작성했고, 장례는 불교전통에 따랐으며, 골품제도로 능력보다 신분이 중시되었다.

8 다음 사건들의 공통점은 무엇인가?

> ㉠ 2·8독립선언   ㉡ 3·1운동
> ㉢ 6·10만세운동   ㉣ 광주학생항일운동

① 사회주의계가 주도하였다.
② 종교계 지도자가 주도하였다.
③ 국내에서 전개된 독립운동이다.
④ 학생들의 적극적인 참여가 있었다.

✔ 해설   ① 3·1운동 때까지는 사회주의가 아직 도입되지 않았다.
② 종교계 대표가 주도한 것은 3·1운동이다.
③ 2·8독립선언은 도쿄 유학생들의 독립선언이다.

9 다음 중 천도교에 관한 설명으로 옳지 않은 것은?

① 보국안민과 제폭구민을 외치며 고부봉기가 일으켰다.

② '만세보'라는 일간지를 발간하였다.

③ 일제 식민 지배를 전후로 하여 항일무장투쟁 전개하였다.

④ 일제시대에는 소년운동을 주도하였다.

> ✔해설 ①은 동학농민운동의 과정이다.

10 다음 제도들의 공통점은 무엇인가?

> ㉠ 향·소·부곡 폐지　　　　　㉡ 도첩제
> ㉢ 호패제도　　　　　　　　㉣ 노비변정사업

① 농민에 대한 토호의 사적 지배 방지

② 양인 확보를 통한 국역대상자의 증가

③ 유민의 단속과 민란의 방지

④ 권문세족의 약화를 통한 경제적 불평등의 완화

> ✔해설 ㉠㉣ 향·소·부곡 폐지, 노비변정사업으로 양인이 증가하였다.
> ㉡ 도첩제 실시는 승려의 출가를 제한한 것이다.
> ㉢ 호패제도는 일종의 신분증으로 이러한 제도의 실시 목적은 양인 확보를 통한 국가재정 확보이다.

Answer⟶ 7.③　8.④　9.①　10.②

11 고려 태조 왕건이 다음 정책을 추진한 목적은?

> 왕위에 오른 뒤 혼인 정책을 추진하여 많은 부인을 맞았다. 부인들의 출신지는 전국에 고루 펴져 있었다.

① 발해 유민 흡수   ② 조세 제도 개편

③ 지방 호족 포섭   ④ 신진 사대부 등용

> ✔해설   호족 포섭 정책
>   ㉠ 회유책
>   • 혼인정책 : 유력 호족들의 딸들과 혼인함으로써 자신의 세력으로 삼음
>   • 사성정책 : 유력 호족들에게 왕씨 성을 하사하여 왕실편으로 포섭
>   ㉡ 견제책
>   • 사심관제도 : 중앙 고관을 자기 고향의 사심관으로 임명
>   • 기인제도 : 지방 향리의 자제를 인질로 삼아 중앙에 머무르게 하여 견제

12 다음 자료를 통하여 알 수 있는 당시의 사회 모습으로 적절한 것은?

> 신 박유가 아뢰었다. "우리나라는 남자는 적고 여자가 많은데도 신분의 고하를 막론하고 처를 하나 두는데 그치고 있습니다. 아들이 없어도 감히 첩을 두려 생각하지 않습니다. 청컨대 신하들로 하여금 품계에 따라 처와 첩을 두게 하고, 백성들은 한 명의 처와 한명의 첩을 두도록 법을 만든다면 원성은 줄어들고 인구는 번성하게 될 것입니다." 하오나 이 건의는 묵살 되었다. 박유가 임금을 모시고 연등회 행사를 갔을 때 한 노파가 박유를 가리켜 "첩을 두자고 건의한 거렁뱅이 같은 늙은이!"라고 소리치자, 주변의 부인들이 모두 박유에게 손가락질을 하며 야유를 보냈었다.

① 사위가 처가의 호적에 입적하여 생활하기도 하였다.

② 아들이 없을 경우 양자를 들였다.

③ 사위에게는 음서의 혜택이 없었다.

④ 재가한 여성의 자식은 벼슬을 할 수가 없었다.

> ✔해설   박유가 첩을 여럿 두자고 건의를 하지만, 연등회에서 무더기로 손가락질 당하는 장면을 보아 여성의 지위가 높았던 고려시대임을 알 수 있다. 이 장면은 고려시대 여성 지위를 보여준다.
>   ① 고려시대에는 사위가 처가의 호적에 입적하여 처가에서 생활하는 경우도 있었다. 이를 통해 처가, 외가의 지위도 높았다는 것을 짐작할 수 있다.
>   ② 고려시대에는 아들이 없으면 딸이 제사를 지내는 것이 일반적으로, 아들이 없다 하여 양자를 들이거나 하지 않았다.
>   ③ 고려시대에는 사위와 외손자에게까지 음서의 혜택이 있었으며 상복제도에서도 친가와 외가의 차이가 크지 않았다.
>   ④ 고려시대에는 재가한 여성의 자식도 벼슬을 할 수가 있었다.

13 몽골과의 항쟁으로 고려인의 자주 정신을 보여준 군대는?

① 광군   ② 별무반

③ 삼별초   ④ 주현군

> ✅ 해설 ③ 삼별초는 최씨 무신 정권의 사병으로 좌별초·우별초·신의군으로 구성되었으며, 대몽 강화 때는 몽골군과 항쟁하여 자주성을 보여 주었다.

14 다음 정책을 시행한 국왕의 업적으로 옳은 것은?

> 국왕이 명령을 내리기를 "정방은 권신이 처음 설치한 것이니 어찌 조정에서 벼슬을 주는 뜻이 되겠는가. 이제 마땅히 이를 없애고 3품 이하 관리는 재상과 함께 의논하여 진퇴를 결정할 것이니, 7품 이하는 이부와 병부에서 의논하여 아뢰도록 하라."라고 하였다.
>
> 「고려사」

① 왕권을 제약하던 정방을 폐지하였다.

② 최영으로 하여금 요동을 정벌하게 하였다.

③ 일연의 「삼국유사」와 이승휴의 「제왕운기」가 편찬되었다.

④ 최무선이 최초로 화포를 이용하여 진포에서 왜구를 격퇴하였다.

> ✅ 해설 ②④ 우왕 시기의 일이다.
> ③ 충렬왕 시기의 일이다.
> ※ 공민왕의 개혁 정책

반원 자주 정책	• 반원 정책 : 친명 외교, 몽고풍 근절, 부원세력 숙청 • 관제 복구 : 원 연호 사용 폐지, 정동행성이문소 폐지 • 영토 수복 : 쌍성총관부, 요동 공략
왕권 강화 정책	• 신돈 등용, 신진 사대부 • 유교 정치 : 성균관 중건, 과거 중시 • 권세가 압박 : 전민변정도감 설치

Answer ↱ 11.③   12.①   13.③   14.①

15 묘청의 서경천도운동에 대한 설명으로 옳은 것은?

① 신라 계승이념을 강조하고 있었다.

② 유교정치사상의 영향을 받았다.

③ 문벌귀족은 북진정책에 적극적이었다.

④ 칭제건원과 금국정벌을 주장하였다.

> ✔ 해설 이자겸의 난 이후 왕권이 약화되고 궁궐이 소실되자 서경길지론이 대두되었다. 이에 묘청, 정지상으로 대표되는 서경파들이 서경천도운동을 일으켰다. 서경천도운동은 풍수지리설과 불교의 영향을 받아 칭제건원과 금국정벌을 주장하였다.

16 다음 내용에 해당되는 도자기로 가장 적절한 것은?

> 　도자기의 빛깔이 푸른 것은 비색이라 부른다. 근년에 와서 만드는 솜씨가 교묘하고 빛깔도 더욱 예뻐졌다. 술그릇의 모양은 오이 같은데 위에 작은 뚜껑이 있어서 연꽃에 엎드린 오리 모양을 하고 있다. 또한 주발, 접시, 술잔, 사발 등도 만들 수 있지만 모두 일반적으로 도자기를 만드는 법에 따라 한 것이므로 생략하고 그리지 않는다. 단 술 그릇만은 다른 그릇과 다르기 때문에 특히 드러내 소개해둔다. 사자 모양을 한 도제 향로 역시 비색이다. …… 여러 그릇들 가운데 이 물건이 가장 정밀하고 뛰어나다.

① 분청사기　　　　　　　　② 고려청자

③ 조선백자　　　　　　　　④ 청화백자

> ✔ 해설 제시된 자료는 우리나라의 자기 문화(그 중에서도 고려청자)에 대한 묘사이다. 고려청자는 철분이 조금 섞인 백색의 흙으로 만든 것을 원료로 하여 거기에 유약을 입혔는데, 이후에 등장하는 상감 기법은 청자에 문양이나 그림을 새기고, 청자유를 입혀 한 번 더 굽는 것이다.

17 다음에서 공통적으로 설명하는 것은?

> • 우리나라에서 가장 오래된 건축물 중 하나
> • 배흘림기둥과 팔작지붕

① 봉정사 극락전   ② 부석사 무량수전

③ 수덕사 대웅전   ④ 성불사 응진전

 공통적으로 설명하는 것은 국보 제8호인 부석사 무량수전이다.
- ① 국보 제15호로 고려 후기에 지어진 목조건물로 맞배지붕, 주심포 양식이다.
- ③ 국보 제49호이며 맞배지붕, 주심포 양식으로 지어졌고 현존하는 고려시대 건물 중 특이하게 백제적인 곡선을 보이는 목조건축이다.
- ④ 조선시대 목조건물(고려 때 지어졌으나 임진왜란 때 불타서 조선 중종 때 수리)로 북한 국보 제87호이며 다포계의 맞배지붕 건물이다.

18 우리나라 최초로 설립된 국립교육 기관은?

① 태학   ② 국학

③ 국자감   ④ 성균관

 ① 고구려 ② 통일신라 ③ 고려 ④ 조선

19 몽고 침입 때 부처의 힘으로 국난을 극복하고자 만든 것은?

① 다라니경   ② 직지심경

③ 팔만대장경   ④ 초조대장경

 ① 신라에서 제작된 것으로 세계에서 가장 오래된 목판인쇄물로서 닥나무로 만들어져서 품질이 뛰어나다.
- ② 직지심체요절이라고도 하며 1377년 고려 우왕 때 간행된 현존하는 세계 최고의 금속활자본이다.
- ④ 현종 때 거란 퇴치를 염원하며 대장경을 간행했으나 몽고 침입으로 불타 버리고 인쇄본 일부가 남았다.

Answer → 15.④ 16.② 17.② 18.① 19.③

20 다음 중 고려와 조선의 과거제도가 가진 공통점으로 옳은 것은?

① 법제상 양인 신분은 응시자격을 가지고 있었다.

② 시험관과 합격자 사이에는 좌주, 문생관계가 맺어졌다.

③ 관리등용제도로서 절대적인 중요성을 띠고 있었다.

④ 문과와 무과로 구분되어 실시되었다.

> ✔ **해설** 고려 · 조선의 과거응시자격
> ㉠ 고려 : 양인 이상의 자제는 누구나 응시할 수 있었지만, 천민과 승려의 자제는 제외되었다. 실제로 농민은 교육을 받지 못하였으므로 응시하지 못하였다. 성종 때는 합격한 자를 다시 시험하는 복시제가 시행되어 과거제도가 한층 강화되었다. 고려시대에는 전반적으로 무과가 시행되지 않았다.
> ㉡ 조선 : 양인 이상의 신분이면 누구나 응시자격을 가지고 있었다고는 하나, 실제로는 과거에 응시하기 위한 교육의 기회가 양반에게 거의 독점되다시피 하였으므로, 일반 양인층이 합격하는 예는 많지 않았다.

21 다음 중 중상학파에 대한 설명이 아닌 것은?

① 유형원, 이익, 정약용 등이 주장하였다.

② 상공업의 진흥 및 기술 개발을 중요하게 생각하였다.

③ 청나라의 선진문물을 도입하려고 하였기 때문에 북학파라고도 부른다.

④ 열하일기, 북학의, 의산문답 등의 책에서 주장하였다.

> ✔ **해설** 유형원, 이익, 정약용은 중농학파로, 농업을 중요시하고 농촌문제 해결과 토지제도개혁 등을 주장하였다. 중상학파로는 유수원, 홍대용, 박지원, 박제가 등이 있다.

22 우리나라 각 지방의 지형, 풍토, 풍속, 교통으로부터 고사, 인물까지를 저술한 실학파의 인문지리서는?

① 택리지   ② 동사강목

③ 대동여지도   ④ 아언각비

> ✔ **해설** 택리지 … 조선 영조 때 이중환이 편찬한 인문지리서로 전국의 자연환경과 인물 · 풍속 · 인심의 특색을 흥미 있게 서술하였다.

23 다음 설명에 해당하는 조선 시대의 신분층은?

> • 시사(詩社)를 조직하여 문예 활동을 하였다.
> • 주로 전문 기술이나 행정 실무를 담당하였다.
> • 개화 운동의 선구적 역할을 담당하기도 하였다.

① 양반   ② 부농

③ 중인   ④ 백정

 ① 본래 '문반 + 무반'을 지칭하는 말이었지만 조선 후기 가족이나 가문까지도 양반이라 지칭하였고 각종 국역·세금 등을 면제 받았다.
② 농작시설, 시비법 등의 발달로 넓은 땅을 경작할 수 있었고 이로 인해 농민들이 부유해지면서 생겨났다.
④ 고려시대에 백정은 평민을 뜻하는 말이었으나 조선시대에 와서는 가장 천한 계급을 뜻하는 말로 변하였다.

24 조선 전기의 화폐에 대해 바르게 설명한 것은?

① 조선정부는 억상정책의 일환으로 화폐발행에 소극적이었다.

② 조선 최초의 화폐는 태종 때 만든 조선통보이다.

③ 팔방통보는 저화의 가치를 보완하기 위해 만든 철전이다.

④ 자급자족적 경제구조로 인하여 화폐가 유통되지 못했다.

 ④ 조선 전기에는 화폐발행이 꾸준히 이루어졌으나 자급자족적 경제구조로 인하여 화폐가 유통되지 못하였다.
① 정부는 화폐를 발행하여 재정을 확충하려 하였으나 자급자족적 경제구조로 인하여 유통이 부진하였다.
② 조선 최초의 화폐는 태종 때 만든 지폐인 저화이다. 조선통보는 1423년(세종 5년)에 주조된 조선 최초의 동전이다.
③ 저화의 가치를 보완하기 위해 만든 철전은 세종 때 만든 조선통보이다. 팔방통보는 세조 때 만든 전폐(화살촉 겸용)이다.

Answer ➙ 20.① 21.① 22.① 23.③ 24.④

25 다음 중 고려 사회의 성격과 거리가 먼 것은?

① 문벌귀족사회의 성립

② 문무양반제도의 확립

③ 골품제도의 한계성 극복

④ 강렬한 민족의식의 형성

✔해설 ② 조선시대의 내용이다.

26 고려 초 광종이 다음 정책을 추진한 목적은?

> • 노비안검법
> • 백관의 공복 제정
> • 과거제도
> • 독자적인 연호 사용

① 우수한 인재 발굴

② 호족 연합 정권 수립

③ 호족 억압을 통한 왕권 강화

④ 북진 정책을 통한 영토 확장

✔해설 광종의 개혁정치 … 왕권을 강화시키고 중앙집권체제를 확립하고자 하였다.
  ㉠ 노비안검법 : 원래 양인이었던 자가 불법적으로 노비가 된 경우 이를 해방시켜주는 것으로 호족의 경제적 · 군사적 기반을 약화시켜 왕권을 강화하고 조세 및 부역을 담당하는 양인을 확보하여 국가재정을 강화하고자 하였다.
  ㉡ 과거제도의 실시 : 쌍기의 건의에 따라 문신유학자를 등용하여 신 · 구세력의 교체를 도모하였다.
  ㉢ 공복제정 : 관료의 기강을 확립하기 위해 실시하였다.
  ㉣ 독자적 연호 사용 : 대외적 자주성을 나타내기 위해 칭제건원하고 독자적인 연호를 사용하였다.
  ㉤ 불교장려 : 귀법사와 홍화사를 짓고 혜거를 국사에, 탄문을 왕사에 임명하였다.
  ㉥ 제위보 설치 : 빈민구제를 위해 제위보를 설치하였다.
  ㉦ 외교관계 : 문화적 · 경제적 목적에서 송과 외교관계를 수립하고 군사적으로는 중립을 유지하였다.

27 다음과 관계있는 문화재는?

> • 세계 기록 유산으로 등록되었다.
> • 고려 시대에 금속 활자를 이용해 만든 책으로, 현재 남아 있는 것 중 세계에서 가장 오래되었다.

① 팔만대장경 ② 직지심체요절

③ 상정고금예문 ④ 무구정광대다라니경

> ✔**해설** 직지심체요절 … 우왕 3년(1377년) 청주 흥덕사에서 간행된 것으로 현존하는 가장 오래된 금속활자본으로 공인되었으며 현재 파리국립도서관에서 보관중이다. 2001년 9월 유네스코 세계기록유산으로 지정되었다.

28 다음 글을 쓴 인물의 주장으로 옳은 것은?

> 교종을 공부하는 사람은 내적인 것을 버리고 외적인 것만을 구하려는 경향이 강하고, 선종을 공부하는 사람은 외부의 대상을 잊고 내적으로만 깨달으려는 경향이 강하다. 이는 모두 양 극단에 치우친 것이므로, 양자를 골고루 갖추어 (내외겸전) 안팎으로 모두 조화를 이루어야 한다.
>
> 「대각국사 문집」

① 백련사에서 신앙결사 운동을 전개하였다.

② 수선사 결사운동을 확대하였다.

③ 정혜쌍수 · 돈오점수를 주장하였다.

④ 천태종을 창시하고 전파하였다.

> ✔**해설** 제시된 자료는 내적인 공부(선종)와 외적인 공부(교종)를 모두 갖추는 내외겸전으로 의천의 사상이다. 따라서 고려시대 불교 중 의천과 관련된 것을 고르는 문제이다.
> ④ 의천은 개경의 국청사를 중심으로 천태종을 창시하고 천태교학 강의를 본격적으로 하였다.
> ① 요세는 백련사에서 신앙결사 운동을 전개하였다. 이는 기존의 교종과 달리 지방에 살고 있는 민중을 기반으로 확대되었다.
> ② 지눌은 송광사를 중심으로 수선사 결사운동을 확대하여 나갔다.
> ③ 지눌은 정혜쌍수 · 돈오점수를 주장하며 선교일치의 사상을 완성하였다.

Answer → 25.② 26.③ 27.② 28.④

29 다음 역사적 사실과 관계 깊은 인물은?

> • 위화도 회군   • 조선의 건국

① 강감찬   ② 이성계
③ 연개소문   ④ 을지문덕

> ✔해설 ② 위화도 회군은 고려 말기인 1388년에 요동정벌군의 장수였던 이성계, 조민수가 압록강의 위화도에서 군사를 돌려 정변을 일으키고 권력을 장악한 사건으로 이후 이성계는 최영과 반대 세력을 제거하고 권력을 장악하게 되었다.

30 다음과 같은 기능을 수행한 조선 시대의 정치 기구로 옳은 것은?

> • 구성 : 중서문하성의 낭사와 어사대
> • 기능 : 간쟁, 봉박, 서경의 권한
> • 특징 : 왕권을 견제, 왕권과 신권의 갈등 조정

① 사간원과 사헌부   ② 집현전과 홍문관
③ 의금부와 승정원   ④ 병조와 이조

> ✔해설 제시된 자료는 고려의 중앙정치체제 중에서 대간인 중서문하성의 낭사와 어사대이다. 이러한 대간의 존재는 고려시대를 그전의 시대와 다르게 '중세'라고 부르는 한 가지 이유이기도 하였는데, 이러한 대간의 존재는 조선시대에도 이어지게 된다.
> ① 사간원은 국왕에 대한 간쟁과 논박을 담당한 관청이며, 사헌부는 언론 활동, 풍속 교정, 백관에 대한 규찰과 탄핵 등을 관장하던 관청이었다.
> ② 집현전은 학문 연구를 위해 궁중에 설치한 기관이며, 홍문관은 궁중의 경서ㆍ사적의 관리와 문한의 처리 및 왕의 각종 자문에 응하는 일을 관장하던 관서였다.
> ③ 의금부는 왕 직속의 상설 사법기관, 승정원은 왕명을 출납하는 비서기관이다.
> ④ 병조는 군사관계 업무를 총괄하던 중추적 기관이며, 육조는 문관의 선임ㆍ공훈ㆍ봉작 등의 일을 총괄하는 기관이었다.

31 다음에서 설명하는 광해군의 외교 정책은?

> 명이 쇠퇴하고 후금이 성장하던 시기에, 명과 후금 사이에서 신중한 외교 정책을 펼쳤다. 이를 통해 전쟁은 피하고 실리를 추구하고자 하였다.

① 남진 정책　　　　　　　　　② 사대 외교

③ 중립 외교　　　　　　　　　④ 친명배금 정책

 해설 ① 고구려가 도읍을 국내성에서 평양성으로 옮기고 삼국 항쟁의 주도권 장악에 유리한 한강 유역으로 진출하며 백제·신라를 상대로 취한 일련의 정책을 말한다.
② 조선시대 세력이 강하고 큰 나라는 받들어 섬기고 이웃나라와는 대등한 입장에서 사귀어 국가의 안정을 도모한다는 조선의 외교방침이다.
④ 조선 인조 때 명나라를 중시하고 청나라를 멸시한 정책으로 이에 청은 두 차례의 호란을 일으켰다.

32 다음에서 설명하는 정치 세력은?

> • 향촌에서 서원과 향약을 통해 세력을 확대함.
> • 선조 때 동인과 서인으로 나뉘어 붕당 정치를 시작함.

① 사림　　　　　　　　　　　② 무신

③ 진골　　　　　　　　　　　④ 6두품

 해설 사림 세력
㉠ 사림의 등장
• 길재의 학통을 이어받아 지방에서 학문과 교육에 힘씀
• 사림의 주장 : 도덕과 의리 중시, 왕도 정치, 향약 중시
㉡ 성종 때부터 정계 진출
• 15세기 말 성종 때 김종직과 더불어 중앙 정계에 진출
• 역할 : 주로 언론 기관으로 진출하면서 정책 비판→훈구 세력과 대립
㉢ 사화의 발생
• 원인 : 중앙 정계로 진출한 사림과 훈구 세력의 대립
• 성격 : 훈구 세력에 의한 사림 세력의 탄압
• 결과 : 연산군 이후 무오사화를 시작으로 네 차례 발생
  - 무오사화 : 연산군 때 김종직의 〈조의제문〉을 배경으로 훈구세력이 사림세력 공격
  - 갑자사화 : 연산군 때 훈구 세력이 사림 세력 공격
  - 기묘사화 : 중종 때 조광조의 유교적 이상 정치 실패
  - 을사사화 : 명종 때 외척 간(대윤과 소윤)의 대립

Answer→ 29.② 30.① 31.③ 32.①

33 다음 내용과 관련 있는 인물은?

> 조선 세종 때 200여 척의 함대를 동원하여 왜구의 소굴인 쓰시마 섬을 토벌하였다.

① 박위　　　　　　　　　　　② 이종무

③ 김종서　　　　　　　　　　④ 윤덕

> ✔해설　조선 초기 일본과의 관계(교린정책)
> ㉠ 강경책 : 세종 때 이종무의 쓰시마 섬 토벌
> ㉡ 회유책 : 3포 개항(부산포, 제포, 염포), 계해약조(제한된 조공무역 허용)

34 다음 내용과 관련 있는 것은?

> • 경주의 양반출신 최제우가 창시
> • 중심사상 : 인내천(사람이 곧 하늘)
> • 천주교 전파와 서양세력의 침략에 반대

① 서학　　　　　　　　　　　② 실학

③ 동학　　　　　　　　　　　④ 성리학

> ✔해설　① 서학 : 조선 중기 이후 조선에 전래된 서양사상과 문물
> ② 실학 : 실생활에 도움이 되는 실용적인 학문
> ④ 성리학 : 중국 송·명나라 때 학자들에 의하여 성립된 학설

35 조선 시대 중앙 통치 기구 중 3사에 해당하지 않는 것은?

　　① 승정원　　　　　　　　　② 사헌부

　　③ 사간원　　　　　　　　　④ 홍문관

> ✔해설　조선시대의 3사는 언론학술기구로 사간원, 사헌부, 홍문관을 이른다.

36 다음과 관계있는 교육 기관은?

> • 지방에 설립한 중등 교육 기관
> • 중앙에서 교수 또는 훈도 파견
> • 성현에 제사, 유생 교육, 지방민 교화

① 향교   ② 서당

③ 서원   ④ 성균관

> ✔해설 향교
> ⊙ 조선시대 지방에 설치된 중등 교육 기관이다.
> ⓒ 교수, 훈도, 교도, 학장의 지도 아래 소학과 4서 5경 등 유교경전을 가르쳤다.
> ⓒ 문묘(대성전), 명륜당, 동·서무, 동·서재로 구성되었다.
> ⓔ 지방의 양반과 향리의 자제들을 교육하였으며 양인의 입학도 가능하였다.

37 임진왜란 때 전라도 곡창지대를 지키고 남해안의 해상권을 지킬 수 있었던 전투는?

① 진주대첩   ② 한산도대첩

③ 노량대첩   ④ 행주대첩

> ✔해설 이순신 장군의 한산도대첩의 승리로 남해의 해상권을 장악하게 되었다.

38 다음 조선 후기 사회의 동요 속에서 나타난 결과의 공통적인 성격으로 옳은 것은?

> • 소청운동   • 벽서사건
> • 항조운동   • 민란

① 잔반들이 정권을 장악하고자 한 것이다.

② 서얼들이 지위를 향상시키고자 한 것이다.

③ 농민들이 현실 문제를 타개하고자 한 것이다.

④ 노비들이 신분을 해방시키고자 한 것이다.

> ✔해설 세도정치로 인해 삼정의 문란, 정치의 혼란이 일어나면서 농촌사회는 극도로 피폐해졌다.
> 이에 농민들은 모순을 타파하고자 그 대응책으로 소청운동, 벽서운동, 항조운동, 민란을 일
> 으키게 되었다.

Answer⟶ 33.② 34.③ 35.① 36.① 37.② 38.③

39 다음은 백두산정계비의 내용이다. 이 비문의 해석과 관련하여 청나라와의 영토분쟁이 있었던 지역은?

> 西爲鴨綠　東爲土門　故於分水嶺上 ……

① 간도 　　　　　　　　　　② 요동
③ 연해주 　　　　　　　　　④ 산동반도

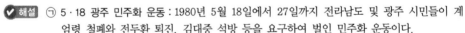 **해설** 백두산정계비 … 정계비에서 서쪽으로는 압록강, 동쪽으로는 토문강이 조선과 청 두 나라 사이의 경계선으로 확정되었으나, 후에 이 비문의 해석을 둘러싸고 양국 사이에 간도귀속문제에 대한 분쟁이 야기되었다.

40 다음 (　　) 안에 들어갈 수를 모두 더하면 얼마인가?

> ㉠ 19(　)년 − 5.18 광주 민주화 운동
> ㉡ 19(　)년 − 6.25 전쟁
> ㉢ 19(　)년 − 경술국치

① 130 　　　　　　　　　　② 135
③ 138 　　　　　　　　　　④ 140

해설 ㉠ 5 · 18 광주 민주화 운동 : 1980년 5월 18일에서 27일까지 전라남도 및 광주 시민들이 계엄령 철폐와 전두환 퇴진, 김대중 석방 등을 요구하여 벌인 민주화 운동이다.
㉡ 6 · 25 전쟁 : 1950년 6월 25일 새벽에 북한 공산군이 남북군사분계선이던 38선 전역에 걸쳐 불법 남침함으로써 일어난 한국에서의 전쟁이다.
㉢ 경술국치 : 1910년 8월 29일에 일본이 우리나라를 병합한 날을 말하는 것으로 경술년, 나라의 큰 수치라는 의미이다.
∴ 따라서 (　)안에 들어가는 숫자는 80 + 50 + 10이고, 모두 더하면 140이다.

41 한·중·일 3국의 개항에 대한 설명으로 적절한 것은?

① 청, 도쿠가와 막부, 조선의 순서로 개항하였다.

② 청은 프랑스와의 난징조약으로 개항하였다.

③ 조선은 청과의 강화도조약으로 개항하였다.

④ 도쿠가와 막부는 개항과 동시에 명치유신을 단행하였다.

 해설 청은 1842년에 영국과 난징조약을 체결하면서 개항했다. 도쿠가와 막부가 개항한 것은 1853년이며, 조선은 일본과의 강화도 조약 체결로 1876년 개항했다.
② 난징조약은 청과 영국간의 조약이다.
③ 강화도조약은 조선과 일본간의 조약이다.
④ 도쿠가와 막부는 1853년 미국의 페리 제독이 동경만을 무차별 폭격하여 500명의 사망자가 나오는 아비규환을 겪고 문호 개방을 하였다. 명치유신(메이지 유신, 1868)을 단행한 것은 그로부터 15년 뒤의 일이다.

42 다음 중 가장 이른 시기에 발생한 사건부터 바르게 나열한 것은?

> ㉠ 민족자존과 통일번영에 관한 특별선언(7.7선언)
> ㉡ 7.4남북공동성명 발표
> ㉢ 6.15남북공동선언

① ㉢ - ㉡ - ㉠   ② ㉡ - ㉢ - ㉠

③ ㉡ - ㉠ - ㉢   ④ ㉠ - ㉡ - ㉢

해설 ㉠ 1988년 7월 7일
㉡ 1972년 7월 4일
㉢ 2000년 6월 15일

43 조선이 국호를 대한제국이라고 처음 부른 것은 어떤 사건 이후인가?

① 임오군란   ② 갑신정변

③ 아관파천   ④ 갑오개혁

> ✔해설 명성황후가 시해된 을미사변 이후 일본에 대해 신변의 위협을 느낀 고종이 1896년 2월 11
> 일부터 약 1년간 러시아 공관에 옮겨 거처한 사건을 아관파천이라 한다. 1897년 2월 25일
> 고종이 경운궁으로 환궁하면서 국호를 대한제국(大韓帝國)으로 고치고 황제 즉위식을 하여
> 독립제국임을 내외에 선포하였다.

44 홍범 14조의 내용 중 틀린 것은?

① 왕실사무와 국정사무를 분리하여 서로 혼동하지 않는다.

② 왜에 의존하는 관념을 끊고 자주독립의 기초를 확실히 건립한다.

③ 의정부와 각 아문(衙門)의 직무권한의 한계를 명백히 규정한다.

④ 장교를 교육하고 징병제도를 정하여 군제의 기초를 확립한다.

> ✔해설 홍범 14조는 갑오개혁 후 고종이 선포한 14개 조항으로 된 정치 혁신의 기본 강령으로 왜
> 가 아닌 청국에 의존하는 생각을 끊고 자주독립의 기초를 세운다는 내용이 제시되어 있다.
> ※ 홍범 14조 전문
> ㉠ 청국에 의존하는 생각을 끊고 자주독립의 기초를 세운다.
> ㉡ 왕실전범을 작성하여 대통(大統)의 계승과 종실·척신의 구별을 밝힌다.
> ㉢ 국왕이 정전에 나아가 정사를 친히 각 대신에게 물어 처리하되, 왕후, 비빈, 종실 및
>   척신이 간여함을 용납치 아니한다.
> ㉣ 왕실사무와 국정사무를 분리하여 서로 혼동하지 않는다.
> ㉤ 의정부와 각 아문(衙門)의 직무권한의 한계를 명백히 규정한다.
> ㉥ 부세(賦稅)는 모두 법령으로 하고 명목을 더하여 거두지 못한다.
> ㉦ 조세부과와 징수 및 경비지출은 모두 탁지아문에서 관장한다.
> ㉧ 왕실은 솔선하여 경비를 절약해서 각 아문과 지방관의 모범이 되게 한다.
> ㉨ 왕실과 각 관부에서 사용하는 경비는 1년간의 예산을 세워 재정의 기초를 확립한다.
> ㉩ 지방관제도를 속히 개정하여 지방 관리의 직권을 한정한다.
> ㉪ 널리 자질이 있는 젊은이들을 외국에 파견하여 학술과 기예를 익히도록 한다.
> ㉫ 장교를 교육하고 징병제도를 정하여 군제의 기초를 확립한다.
> ㉬ 민법 및 형법을 엄정히 정하여 함부로 가두거나 벌하지 말며, 백성의 생명과 재산을
>   보호한다.
> ㉭ 사람을 쓰는데 문벌을 가리지 않고 널리 인재를 등용한다.

45 1952년에 통과된 발췌개헌안의 핵심 내용은?

① 대통령 간선제 실시

② 내각책임제 실시

③ 초대 대통령의 중임제한 철폐

④ 대통령 직선제와 국회의 국무위원 불신임제

> ✔해설 ① 제헌헌법, 유신헌법과 제8차 개헌이 대통령 간선제의 형태이다.
> ② 4.19혁명 이후 제3차 개헌에서 실시되었다.
> ③ 사사오입 개헌 때 실시되었다.

46 다음 글과 같은 맥락에서 추진한 정책은?

> 저들의 종교는 사악하다. 하지만 저들의 기술은 이롭다. 잘 이용하여 백성들이 잘 살
> 게 할 수 있다면 농업, 잠업, 의학, 병기, 배, 수레에 관한 기술을 꺼릴 이유가 없다. 종
> 교는 배척하되 기술은 본받자는 것은 함께 할 수 있다.
>
> — 고종실록 —

① 영선사 파견   ② 척화비 건립

③ 공노비 해방   ④ 중추원 관제 도입

> ✔해설 제시된 글은 '구본신참'으로 옛 것을 근본으로 해서 새로운 것을 참작 또는 참조한다는 뜻
> 이다. 고유의 전통문화와 사상·제도를 유지하면서 점진적으로 서구문물을 받아들이자는
> 이론이다. 영선사는 선진 문물(무기 제조법)을 견학하기 위해 젊은 유학생들로 중국에 견학
> 한 사신이다.

47 다음 중 대원군의 개혁정치와 관련이 없는 것은?

① 권력기관인 비변사를 폐지하고 의정부의 기능을 부활시켰다.

② 대전통편을 편찬하고 시행세칙, 세목을 모아 육전조례를 편찬하였다.

③ 군역제도를 호포제로 바꾸어 양반들에게도 군포를 내게 하였다.

④ 환곡제를 사창제로 고쳐 합리적 운영을 꾀하였다.

> ✔해설 ② 대전통편은 정조 때 편찬되었다.

Answer 43.③ 44.② 45.④ 46.① 47.②

48 다음의 결과를 가져 온 조선후기 경제상의 개혁은?

> • 과중했던 농민들의 공납 부담이 다소 경감되었다.
> • 물품의 조달을 위해 공인의 활동이 활발해졌다.
> • 상품화폐 경제를 활성화시켰다.

① 영정법   ② 균역법

③ 대동법   ④ 타조법

> ✔ **해설** 대동법
> ㉠ 배경 : 농민부담 경감과 국가재정 보완을 위해 공납제도의 개혁이 요구되었다.
> ㉡ 내용 : 민호(民戶)에게 부과하던 토산물을 농토의 결 수에 따라 미곡·포목·전화로 납부하고 국가는 공인을 통하여 물품을 구입하도록 했다.
> ㉢ 결과 : 농촌경제가 일시적으로나마 안정되었고 조세의 금납화가 이루어졌으며 상품화폐 경제가 성장하는 계기가 되었다. 그러나 농민의 분화를 촉진시켜 종래 신분질서 및 경제체제 와해로 인해 양반지배체제의 붕괴를 초래하게 되었다.
> ㉣ 한계 : 현물징수가 존속하였고 상납미가 증가하여 농민의 부담이 가중되었다.

49 일제 강점기의 사회 운동에 관한 설명으로 바른 것은?

① 백정들이 대구에서 조선형평사를 조직하여 평등한 대우를 요구하였다.

② 민족주의계와 사회주의계의 통합으로 조선청년총동맹이 결성되었다.

③ 방정환이 중심이 된 기독교 소년회에서 어린이날을 제정하였다.

④ 근우회 등 여성단체의 활약으로 법률적 차별이 사라졌다.

> ✔ **해설** 조선청년총동맹은 1924년에 좌·우합작으로 민족주의계와 사회주의계가 통합하여 결성되었다.
> ① 진주에서 조선형평사가 조직되었다.
> ③ 천도교 소년회에서 어린이날을 제정하였다.
> ④ 여성단체들의 활약으로 많은 여성들이 사회활동에 참여하게 되었으나 법률적 차별이 사라진 것은 아니다.

50 다음 중 을사5적에 해당하지 않는 인물은?

① 이지용

② 이근택

③ 박제순

④ 한규설

> ✔해설 을사오적은 을사년 일본과의 조약에 찬성한 박제순(외부대신), 이지용(내부대신), 이근택(군부대신), 이완용(학부대신), 권중현(농상부대신)을 말한다.

51 강화도 조약에 대한 설명으로 옳지 않은 것은?

① 조선이 프랑스와 체결하였다.

② 우리나라 최초의 근대적 조약이었다.

③ 치외법권을 인정한 불평등 조약이었다.

④ 조선이 문호를 개방하는 계기가 되었다.

> ✔해설 강화도 조약
> ㉠ 1876년 운요호사건을 계기로 맺은 우리나라 최초의 근대적 조약이다.
> ㉡ 부산, 원산, 인천 등 세 항구의 개항이 이루어졌다.
> ㉢ 치외법권, 해안측량권, 통상장정의 체결을 내용으로 하며, 일본의 침략 발판을 위한 불평등 조약이다.

52 다음 중 흥선대원군의 개혁정책과 그에 대한 설명이 바르게 연결된 것은?

① 서원 철폐 – 면세, 면역의 특권을 누려 재정궁핍과 백성들을 괴롭혔기에 없앴다.

② 호포제 실시 – 농민의 군포 부담을 줄여주기 위해 농민이 내는 군포세를 낮추었다.

③ 사창제 실시 – 관리들이 적정한 이자만 받도록 지시하였다.

④ 관제 개혁 – 의정부를 폐지하고 비변사의 기능을 강화하였다.

> ✔해설 흥선대원군의 개혁정책
> ㉠ 세도정치를 타파하고 인재를 등용하였다.
> ㉡ 비변사의 기능을 축소하고 의정부, 삼군부의 기능을 부활시켰다.
> ㉢ 국가 재정 및 민생 안정을 위해 서원을 철폐하였다.
> ㉣ 대전회통, 육전조례 등 법전을 편찬하여 국가 체제를 정비하였다.
> ㉤ 조세의 형평성을 위해 호포제를 실시하고, 양전사업 등을 실시하였다.
> ㉥ 왕실의 위엄을 높이고자 경복궁을 중건하였다.

Answer → 48.③ 49.② 50.④ 51.① 52.①

53 다음 자료와 관련된 단체의 활동으로 옳지 않은 것은?

> 105인 사건은 일제가 안중근의 사촌 동생 안명근이 황해도 일원에서 독립 자금을 모금하다가 적발되자 이를 빌미로 일제는 항일 기독교 세력과 단체를 탄압하기 위해 총독 암살 미수 사건을 조작하여 수백 명의 민족 지도자를 검거한 일이다.

① 만주 지역에 독립운동 기지를 건설하였다.
② 공화정체의 근대국민국가 건설을 주장하였다.
③ 대성학교와 오산학교를 설립하였다.
④ 고종의 강제 퇴위 반대 운동을 전개하였다.

> ✔해설 제시된 자료는 105인 사건에 관한 내용이다. 이를 통해 1907년 결성된 비밀 결사 계몽 단체인 '신민회'임을 알 수 있다.
> ④ 대한자강회는 고종의 강제퇴위 반대운동을 전개하다 해산 당하였다.
> ① 신민회는 무장 투쟁도 활동의 목표로 삼았으며, 만주 지역에 독립군 기지 건설운동을 주도하였다.
> ② 신민회는 국권회복과 공화정체의 근대국민국가 건설을 목표로 하였다.
> ③ 신민회는 교육구국운동으로 오산학교, 대성학교 등을 설립하였다.

54 독립 협회의 활동으로 옳지 않은 것은?

① 민중에게 국권·민권 사상을 고취시켰다.
② 독립문을 세우고 독립신문을 창간하였다.
③ 관민 공동회를 개최하여 헌의 6조를 결의하였다.
④ 개화 정책에 반대하고 전통 질서 유지를 주장하였다.

> ✔해설 독립 협회 … 서재필 등이 자유민주주의적 개혁사상을 민중에게 보급하고 국민의 힘으로 자주 독립 국가를 건설하기 위하여 1896년 창립한 단체이다. 근대사상과 개혁사상을 지닌 진보적 지식인과 도시 시민층이 중심이 되어 강연회와 토론회를 개최하였으며, 독립신문과 잡지 등을 발간하고 자주 국권, 자유 민권, 국민 참정권 운동을 전개하였다.

55 다음에 해당하는 사건은?

> • 원인 : 3 · 15 부정 선거(1960년)
> • 결과 : 허정 과도정부, 내각 책임제, 양원제 국회

① 4 · 19 혁명 ② 10 · 26 사태
③ 5 · 18 민주화 운동 ④ 6월 민주 항쟁

 4 · 19 혁명 … 1960년 4월 우리나라 헌정사상 최초로 학생들이 중심세력이 되어 자유민주주의를 수호하기 위해 불의의 독재 권력에 항거한 혁명으로 자유당 정권의 부정선거로 인해 학생과 시민 중심의 전국적인 시위가 발생하였으며 그 결과 이승만 정권은 붕괴되었다.

56 6 · 25 전쟁 중의 휴전 회담과 휴전 협정에 관련된 내용으로 옳지 않은 것은?

① 휴전 협정에 서명한 나라는 미국, 북한, 중국, 소련이다.
② 소련이 유엔을 통해 휴전 회담을 제의하였다.
③ 유엔군 측은 포로의 자유 송환을, 공산군 측은 강제 송환을 주장했다.
④ 휴전 협정으로 군사정전위원회와 중립국 감시위원단이 설치되었다.

✔해설 ① 휴전 협정에 서명한 나라는 북한과 중국, 그리고 미국이다. 소련은 휴전 협정을 맺을 때 참가하지 않았다.

57 다음에서 설명하고 있는 남북공동성명 이후에 일어난 상황으로 옳은 것은?

> 첫째, 통일은 외세에 의존하거나 외세의 간섭을 받음이 없이 자주적으로 해결을 한다.
> 둘째, 통일은 서로 상대방을 반대하는 무력행사에 의거하지 않고 평화적으로 실현한다.
> 셋째, 사상과 이념 · 제도의 차이를 초월하여 우선 하나의 민족적 대단결을 도모한다.

① 남북한의 유엔 동시 가입 ② 남북이산가족고향 방문단 상호 교류
③ 금강산 관광 ④ 남북조절위원회 구성

 1972. 7. 4 남북공동성명 … 1972년 7월 4일 남북한 당국이 국토분단 이후 최초로 통일과 관련하여 합의 발표한 역사적인 공동성명을 말한다. 이 시기에는 자주, 평화, 민족적 대단결의 통일을 위한 3대 원칙, 남북한 제반교류 실시, 남북 적십자 회담 협조, 서울과 평양 사이 상설직통전화 개설, 남북조절위원회 구성 등이 이루어졌다.

Answer → 53.④ 54.④ 55.① 56.① 57.④

02 한자

┃1~5┃ 다음 중 득음이 다른 글자를 고르시오.

1　① 流　　　　　② 雨
　　③ 友　　　　　④ 右

> ✔ 해설　① 흐를 유
> 　　　　② 비 우
> 　　　　③ 벗 우
> 　　　　④ 오른쪽 우

2　① 登　　　　　② 同
　　③ 等　　　　　④ 燈

> ✔ 해설　① 오를 등
> 　　　　② 한가지 동
> 　　　　③ 무리 등
> 　　　　④ 등 등

3　① 前　　　　　② 全
　　③ 晝　　　　　④ 電

> ✔ 해설　① 앞 전
> 　　　　② 온전할 전
> 　　　　③ 낮 주
> 　　　　④ 번개 전

4 ① 現　　　　　　　　　② 賢
　　 ③ 玄　　　　　　　　　④ 堅

　　　✔해설　① 나타날 현
　　　　　　 ② 어질 현
　　　　　　 ③ 검을 현
　　　　　　 ④ 굳을 견

5 ① 雲　　　　　　　　　② 文
　　 ③ 問　　　　　　　　　④ 聞

　　　✔해설　① 구름 운
　　　　　　 ② 글월 문
　　　　　　 ③ 물을 문
　　　　　　 ④ 들을 문

▎6~8▎ 다음에 주어진 한자(漢字)의 부수(部首)는 무엇인지 고르시오.

6

校

　　 ① 木　　　　　　　　　② 交
　　 ③ 六　　　　　　　　　④ 八

　　　✔해설　① 校(학교 교) → 木

7

動

　　 ① 重　　　　　　　　　② 千
　　 ③ 里　　　　　　　　　④ 力

　　　✔해설　④ 動(움직일 동) → 力

Answer ↪ 1.① 2.② 3.③ 4.④ 5.① 6.① 7.④

8

| 魚 |

① ノ　　　　　　　　　　　② 灬

③ 田　　　　　　　　　　　④ 魚

> ✔해설　④ 魚(물고기 어) → 魚

■9~11■ 다음 중 주어진 한자(漢字)와 만들어진 방식이 같은 한자를 고르시오.

〈보기〉川 : ① 産　② 木　③ 河　④ 姜　⑤ 會
〈보기〉에 제시된 한자 '川(시내에서 흐르는 물의 모양을 보고 만들었음)'처럼 사물의 모습을 보고 만든
상형자(象形字)는 '木(나무의 모습을 보고 만들었음)'이다. 따라서 정답 ②를 고르면 된다.

9

| 交 |

① 活　　　　　　　　　　　② 餘

③ 丘　　　　　　　　　　　④ 情

> ✔해설　交 … 사귈 교, 사람의 종아리가 교차해 있는 모양을 본뜬 글자로 섞이다, 사귀다 등의 뜻을
> 나타내는 상형문자이다.
> ① 살 활(형성문자)　② 남을 여(형성문자)　③ 언덕 구(상형문자)　④ 뜻 정(형성문자)

10

| 求 |

① 福　　　　　　　　　　　② 保

③ 障　　　　　　　　　　　④ 口

> ✔해설　求 … 구할 구, 짐승의 가죽으로 만든 옷을 매달아 둔 모양을 본뜬 상형문자
> ① 복 복(형성문자)　② 보호할 보(회의문자)　③ 글 장(회의문자)　④ 입 구(상형문자)

11

甘

① 角   ② 干

③ 甲   ④ 九

> ✔해설 甘 … 달 감, 입속에 단 음식을 머금은 모양을 본뜬 지사문자이다.
> ① 뿔 각(상형문자) ② 방패 간(상형문자) ③ 갑옷 갑(상형문자) ④ 아홉 구(지사문자)

▌12~15▐ 다음 한자(漢字)의 음(音)으로 맞는 것을 고르시오.

12

炎

① 염   ② 화

③ 연   ④ 우

> ✔해설 炎 – 불꽃 염

13

節

① 전   ② 절

③ 정   ④ 적

> ✔해설 節 – 마디 절

Answer↲ 8.④   9.③   10.④   11.④   12.①   13.②

14

訪

① 강   ② 상

③ 방   ④ 장

✔ 해설 訪 - 찾을 방

15

造

① 열   ② 보

③ 한   ④ 조

✔ 해설 造 - 지을 조

┃16~19┃ 다음의 음(音)을 가진 한자를 고르시오.

16

태

① 太   ② 漢

③ 湖   ④ 研

✔ 해설 太 - 클 (태)

17

어

① 業　　　　　　　　　② 邑

③ 漁　　　　　　　　　④ 億

　　✔ 해설　漁 – 고기 잡을 (어)

18

위

① 暗　　　　　　　　　② 音

③ 案　　　　　　　　　④ 偉

　　✔ 해설　偉 – 훌륭할 (위)

19

유

① 由　　　　　　　　　② 猶

③ 宙　　　　　　　　　④ 油

　　✔ 해설　油 – 기름 (유)

Answer → 14.③　15.④　16.①　17.③　18.④　19.④

┃20~24 ┃ 다음 한자(漢字)와 음(音)이 같은 한자를 고르시오.

20

景

① 能   ② 敬
③ 童   ④ 章

> ✔해설 景 – 경치 (경)
> ① 能 – 능할 (능) ② 敬 – 공경할 (경) ③ 童 – 아이 (동) ④ 章 – 글, 문장 (장)

21

商

① 賞   ② 觀
③ 勞   ④ 滿

> ✔해설 商 – 헤아리다, 장사 (상)
> ① 賞 – 상줄 (상) ② 觀 – 보다 (관)
> ③ 勞 – 일하다, 노력하다 (노) ④ 滿 – 가득하다, 넉넉하다 (만)

22

韓

① 號   ② 朝
③ 偉   ④ 限

> ✔해설 韓 – 나라이름 (한)
> ① 號 – 부르짖을 (호) ② 朝 – 아침 (조) ③ 偉 – 훌륭할 (위) ④ 限 – 한계 (한)

23

與

① 鐵   ② 暴

③ 餘   ④ 錢

✔해설 與 – 줄 (여)
① 鐵 – 쇠, 단단할 (철) ② 暴 – 사나울 (폭) ③ 餘 – 남을 (여) ④ 錢 – 돈 (전)

24

停

① 證   ② 曾

③ 靜   ④ 燈

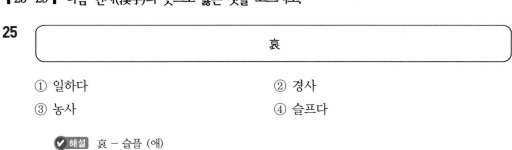

✔해설 停 – 머무를 (정)
① 證 – 증거 (증) ② 曾 – 일찍 (증) ③ 靜 – 고요할 (정) ④ 燈 – 등잔 (등)

▌25~29▐ 다음 한자(漢字)의 뜻으로 옳은 것을 고르시오.

25

哀

① 일하다   ② 경사

③ 농사   ④ 슬프다

✔해설 哀 – 슬플 (애)

Answer → 20.② 21.① 22.④ 23.③ 24.③ 25.④

26

靑

① 취하다   ② 말하다
③ 젊다   ④ 가장

✔해설 靑 – 젊다 (청)

27

速

① 집   ② 이르다
③ 빠르다   ④ 화살

✔해설 速 – 빠를 (속)

28

易

① 볕   ② 바꾸다
③ 그늘   ④ 응하다

✔해설 易 – 바꿀 (역)

29

菜

① 푸르다   ② 나물
③ 살다   ④ 개다

✔해설 菜 – 나물 (채)

| 30~33 | 다음의 뜻을 가진 한자(漢字)를 고르시오.

30

꽃

① 化   ② 花
③ 和   ④ 笑

✔ 해설 ① 化 - 될 (화) ② 花 - 꽃 (화) ③ 和 - 화할 (화) ④ 笑 - 웃을 (소)

31

비

① 兩   ② 內
③ 雨   ④ 用

✔ 해설 ① 兩 - 두 (양) ② 內 - 안 (내) ③ 雨 - 비 (우) ④ 用 - 쓸 (용)

32

기름

① 油   ② 曲
③ 田   ④ 留

✔ 해설 ① 油 - 기름 (유) ② 曲 - 굽을 (곡) ③ 田 - 밭 (전) ④ 留 - 머무를 (유)

Answer┌→ 26.③ 27.③ 28.② 29.② 30.② 31.③ 32.①

33

술

① 渴   ② 溪
③ 酒   ④ 酉

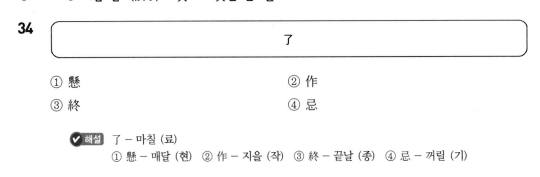 ① 渴 – 목마를 (갈)   ② 溪 – 시내 (계)   ③ 酒 – 술 (주)   ④ 酉 – 닭 (유)

▌34~35▐ 다음 한자(漢字)와 뜻이 비슷한 한자를 고르시오.

34

了

① 懸   ② 作
③ 終   ④ 忌

 了 – 마칠 (료)
① 懸 – 매달 (현)   ② 作 – 지을 (작)   ③ 終 – 끝날 (종)   ④ 忌 – 꺼릴 (기)

35

訪

① 問   ② 來
③ 巡   ④ 尋

✔해설 訪 – 찾을 (방)
① 問 – 물을 (문)   ② 來 – 올 (래)   ③ 巡 – 돌아다닐 (순)   ④ 尋 – 찾을 (심)

다음 한자(漢字)와 그 새김의 방식이 같은 한자를 고르시오.

한자어 '受業'은 그 새김의 방식이 주어와 목적어의 관계이다. 이와 비슷한 한자어로는 '交友'가 있다.

36

> **讀書**

① 仁義　　　　　　　　　　② 平等
③ 晝夜　　　　　　　　　　④ 修身

> ✔해설　讀書(독서)는 '책을 읽다'는 뜻으로, 술목관계로 이루어져 있다.
> ① 병렬관계(유사관계)　② 병렬관계(유사관계)
> ③ 병렬관계(대립관계)　④ 술목관계

37

> **愛國**

① 天高　　　　　　　　　　② 有名
③ 靑天　　　　　　　　　　④ 作文

> ✔해설　愛國(애국)은 술목관계이다.
> ① 주술관계　② 수식관계　③ 병렬관계　④ 술목관계

Answer┌→ 33.③　34.③　35.④　36.④　37.④

|38~41| 다음 한자어(漢字語)와 발음(發音)이 같은 한자어를 고르시오.

38

功勞

① 光榮   ② 空論

③ 公路   ④ 迷路

> ✔ 해설   功勞(공로)
> ① 光榮(광영)   ② 空論(공론)   ③ 公路(공로)   ④ 迷路(미로)

39

使用

① 有用   ② 私用

③ 通用   ④ 引用

> ✔ 해설   使用(사용)
> ① 有用(유용)   ② 私用(사용)   ③ 通用(통용)   ④ 引用(인용)

40

大臣

① 代身   ② 大笑

③ 代父   ④ 對外

> ✔ 해설   大臣(대신)
> ① 代身(대신)   ② 大笑(대소)   ③ 代父(대부)   ④ 對外(대외)

41

> 獨島

① 讀書   ② 讀圖

③ 德道   ④ 獨立

> ✔해설   獨島(독도)
> ① 讀書(독서)   ② 讀圖(독도)   ③ 德道(덕도)   ④ 獨立(독립)

▌42~43▐ 다음 한자어(漢字語)들 중 괄호 안의 한자(漢字)의 발음(發音)이 다른 한자어를 고르시오.

42   ① 能(率)   ② 引(率)

③ (率)直   ④ (率)先

> ✔해설   ① 能率(능률)   ② 引率(인솔)   ③ 率直(솔직)   ④ 率先(솔선)

43'   ① 開(拓)   ② 干(拓)

③ (拓)本   ④ (拓)植

> ✔해설   ① 開拓(개척)   ② 干拓(간척)   ③ 拓本(탁본)   ④ 拓植(척식)

Answer → 38.③   39.②   40.①   41.②   42.①   43.③

| 44~45 | 다음 단어들의 '□'에 공통으로 들어갈 알맞은 한자(漢字)를 고르시오.

44

男□, □利, □安

① 女 　　　　　　　　　　② 有
③ 便 　　　　　　　　　　④ 平

✔ 해설 　男便(남편), 便利(편리), 便安(편안)

45

同□, □情, 好□

① 席 　　　　　　　　　　② 族
③ 列 　　　　　　　　　　④ 感

✔ 해설 　同感(동감), 感情(감정), 好感(호감)

| 46~50 | 다음 성어(成語)에서 '□'에 들어갈 알맞은 한자(漢字)를 고르시오.

46

先公後□

① 正 　　　　　　　　　　② 事
③ 政 　　　　　　　　　　④ 私

✔ 해설 　先公後私(선공후사) ··· 공적인 일을 먼저 하고 사사로운 일은 뒤로 미룸을 의미한다.

47

□故知新

① 用 　　　　　　　　　　② 溫
③ 容 　　　　　　　　　　④ 論

✔ 해설 　溫故知新(온고지신) ··· 옛것을 익히고 새로운 것을 안다는 뜻이다.

48

> □火可親

① 燈

② 母

③ 旦

④ 食

✔해설 燈火可親(등화가친) … 등불을 가까이 할 수 있음을 뜻하는 것으로 학문을 탐구하기에 좋다는 의미이다.

49

> 手不釋□

① 策

② 拳

③ 卷

④ 券

✔해설 手不釋卷(수불석권) … 손에서 책을 놓지 않는다는 뜻으로, 열심히 공부함을 의미한다.

50

> 外□内剛

① 儒

② 柔

③ 幼

④ 遊

✔해설 外柔内剛(외유내강) … 겉으로 보기에는 부드러우나 마음속은 꿋꿋하고 굳세다는 것을 의미한다.

Answer↲ 44.③　45.④　46.④　47.②　48.①　49.③　50.②

51~55 다음 성어(成語)의 뜻풀이로 적절한 것을 고르시오.

51

| 騎虎之勢 |

① 도중에 그만둘 수 없는 형세
② 가까운데 있는 것을 먼 데서 구함
③ 남달리 뛰어난 기술
④ 사람의 욕심은 끝이 없음

> **✔ 해설** 기호지세(騎虎之勢) … 호랑이를 타고 달리는 형세라는 뜻으로, 이미 시작한 일을 중도에서 그만둘 수 없는 경우를 비유적으로 이르는 말이다.

52

| 毛遂自薦 |

① 많은 것 중의 하나   ② 없는 것을 애써 구함
③ 앞뒤 모르고 나서는 사람   ④ 끔찍한 일을 당함

> **✔ 해설** 모수자천(毛遂自薦) … 모수가 스스로 천거했다는 뜻으로, 자기가 자기를 추천하는 것을 이르는 말로, 오늘날에는 의미가 변질되어 일의 앞뒤도 모르고 나서는 사람을 비유한다.

53

| 雪上加霜 |

① 엎치락뒤치락하다.   ② 엎친 데 덮치다.
③ 부질없이 거듭하다.   ④ 같은 값이면 다홍치마이다.

> **✔ 해설** 雪上加霜(설상가상) … 눈 위의 서리라는 뜻으로 엎친 데 덮친 꼴로 상황이 매우 나쁨을 이르는 말이다.

54

| 發憤忘食 |

① 화를 이기지 못하다.　　　　　② 의욕이 사라지다.

③ 놀이에 푹 빠지다.　　　　　　④ 열심히 공부하다.

> ✔해설 發憤忘食(발분망식) … 무엇인가를 할 때 끼니마저 잊고 힘쓴다는 것으로 열심히 공부함을 이르는 말이다.

55

| 空前絶後 |

① 아무도 없다.

② 앞은 비어있지만 뒤는 훌륭할 것이다.

③ 이전에도 이후에도 없을 만큼 뛰어나다.

④ 앞은 빈산이고 뒤는 깎아지른 절벽이다.

> ✔해설 空前絶後(공전절후) … 이전에도 없었고 앞으로도 없음을 의미하는 것으로 전무후무와 유사한 의미이다.

▌56~57▐ 다음의 뜻을 가장 잘 나타낸 성어(成語)를 고르시오.

56

| 실현가망이 없는 일 |

① 百年河淸　　　　　　　　　　② 不問曲直

③ 水魚之交　　　　　　　　　　④ 白面書生

> ✔해설 ① 百年河淸(백년하청) : 황허 강의 물이 맑아지기를 무작정 기다린다는 말로 실현가능성이 없는 일을 이르는 말이다.
> ② 不問曲直(불문곡직) : 옳고 그름을 따지지 아니함을 이르는 말이다.
> ③ 水魚之交(수어지교) : 매우 친밀하게 사귀어 떨어질 수 없는 사이를 뜻한다.
> ④ 白面書生(백면서생) : 글만 읽어 세상 물정에 어둡고 경험이 없는 사람을 이르는 말이다.

Answer▸ 51.① 52.③ 53.② 54.④ 55.③ 56.①

57

> 위험을 보면 목숨을 바침

① 自强不息   ② 逢山開道

③ 遇水架橋   ④ 見危授命

> **✔해설** 견위수명(見危授命) … 위험을 보면 목숨을 바친다는 뜻으로, 나라의 위태로운 지경을 보고 목숨을 바쳐 나라를 위해 싸우는 것을 말한다.
> ① 자강불식(自强不息) : 스스로 힘을 쓰고 몸과 마음을 가다듬어 쉬지 아니함을 이르는 말이다.
> ②③ 봉산개도 우수가교(逢山開道 遇水架橋) : 산을 만나면 길을 트고, 물을 만나면 다리를 놓아서 어려움을 극복한다.

┃58~59┃ 제시된 뜻에 해당하는 사자성어를 고르시오.

58

> '변방에 사는 노인의 말'이라는 뜻으로, 세상만사는 변화가 많아 어느 것이 화(禍)가 되고, 어느 것이 복(福)이 될지 예측하기 어려워 재앙도 슬퍼할 게 못되고 복도 기뻐할 것이 아님을 이르는 말이다.

① 切磋琢磨   ② 指鹿爲馬

③ 塞翁之馬   ④ 街談巷說

> **✔해설** 제시된 글은 새옹지마에 대한 뜻이다.
> ① 절차탁마 : 학문이나 인격을 갈고 닦음을 이르는 말이다.
> ② 지록위마 : 사슴을 가리켜 말이라 한다는 뜻으로, 윗사람을 농락하고 권세를 함부로 부리는 것을 비유한 말이다.
> ④ 가담항설 : 길거리나 세상 사람들 사이에 떠도는 이야기나 뜬소문을 이르는 말이다.

59

> 목이 말라야 비로소 샘을 판다는 뜻으로, 미리 준비를 하지 않고 있다가 일이 지나간 뒤에는 아무리 서둘러 봐도 아무 소용이 없다는 뜻 또는 자기(自己)가 급해야 서둘러서 일을 한다는 뜻이다.

① 渴而穿井   ② 牛耳讀經

③ 囊中之錐   ④ 匹夫匹婦

✓ 해설 제시된 글은 갈이천정에 대한 뜻이다.
② 우이독경 : '쇠귀에 경 읽기'란 뜻으로, 우둔(愚鈍)한 사람은 아무리 가르치고 일러주어도 알아듣지 못함을 비유하여 이르는 말이다.
③ 낭중지추 : 능력과 재주가 뛰어난 사람은 스스로 두각을 나타내게 된다는 뜻이다.
④ 필부필부 : 평범한 남녀를 이르는 한자성어이다.

▌60~61 ▌ 다음 사자성어의 뜻으로 알맞은 것을 고르시오.

60

┌─────────────────────────────────────┐
│   肝膽相照   │
└─────────────────────────────────────┘

① 사를 버리고 공을 위하여 힘써 일함
② 서로가 마음속을 툭 털어놓고 숨김없이 친하게 사귄다는 뜻
③ 겉으로는 순종(順從)하는 체하고 속으로는 딴 마음을 먹음
④ 달면 삼키고 쓰면 뱉는다는 뜻으로, 자기 비위에 맞으면 좋아하고 맞지 않으면 싫어한다는 의미

✓ 해설 ① 멸사봉공(滅私奉公)
② 간담상조(肝膽相照)
③ 면종복배(面從腹背)
④ 감탄고토(甘吞苦吐)

61

┌─────────────────────────────────────┐
│   亡羊補牢   │
└─────────────────────────────────────┘

① 적은 수로는 많은 적을 대적하지 못한다는 말
② 달리는 말에 채찍을 더한다는 말이니, 잘하는 사람에게 더 잘하도록 하는 것
③ 말을 달리면서 산을 본다는 말로, 바빠서 자세히 보지 못하고 지나침을 뜻함
④ 이미 어떤 일을 실패한 뒤에 뉘우쳐도 소용이 없음

✓ 해설 ① 중과부적(衆寡不敵)
② 주마가편(走馬加鞭)
③ 주마간산(走馬看山)
④ 망양보뢰(亡羊補牢)

Answer ➔ 57.④ 58.③ 59.① 60.② 61.④

PART

IV

인성검사

인성검사의 이해
실전 인성검사

01 인성검사의 이해

1 인성(성격)검사의 개념과 목적

인성(성격)이란 개인을 특징짓는 평범하고 일상적인 사회적 이미지, 즉 지속적이고 일관된 공적 성격(Public – personality)이며, 환경에 대응함으로써 선천적·후천적 요소의 상호작용으로 결정화된 심리적·사회적 특성 및 경향을 의미한다.

인성검사는 직무적성검사를 실시하는 대부분의 기업체에서 병행하여 실시하고 있으며, 인성검사만 독자적으로 실시하는 기업도 있다.

기업체에서는 인성검사를 통하여 각 개인이 어떠한 성격 특성이 발달되어 있고, 어떤 특성이 얼마나 부족한지, 그것이 해당 직무의 특성 및 조직문화와 얼마나 맞는지를 알아보고 이에 적합한 인재를 선발하고자 한다. 또한 개인에게 적합한 직무 배분과 부족한 부분을 교육을 통해 보완하도록 할 수 있다.

인성검사의 측정요소는 검사방법에 따라 차이가 있다. 또한 각 기업체들이 사용하고 있는 인성검사는 기존에 개발된 인성검사방법에 각 기업체의 인재상을 적용하여 자신들에게 적합하게 재개발하여 사용하는 경우가 많다. 그러므로 기업체에서 요구하는 인재상을 파악하여 그에 따른 대비책을 준비하는 것이 바람직하다. 본서에서 제시된 인성검사는 크게 '특성'과 '유형'의 측면에서 측정하게 된다.

2 성격의 특성

(1) 정서적 측면

정서적 측면은 평소 마음의 당연시하는 자세나 정신상태가 얼마나 안정되어 있는지 또는 불안정한지를 측정한다.

정서의 상태는 직무수행이나 대인관계와 관련하여 태도나 행동으로 드러난다. 그러므로 정서적 측면을 측정하는 것에 의해, 장래 조직 내의 인간관계에 어느 정도 잘 적응할 수 있을까(또는 적응하지 못할까)를 예측하는 것이 가능하다.

그렇기 때문에, 정서적 측면의 결과는 채용 시에 상당히 중시된다. 아무리 능력이 좋아도 장기적으로 조직 내의 인간관계에 잘 적응할 수 없다고 판단되는 인재는 기본적으로는 채용되지 않는다.

일반적으로 인성(성격)검사는 채용과는 관계없다고 생각하나 정서적으로 조직에 적응하지 못하는 인재는 채용단계에서 가려내지는 것을 유의하여야 한다.

① **민감성**(신경도) … 꼼꼼함, 섬세함, 성실함 등의 요소를 통해 일반적으로 신경질적인지 또는 자신의 존재를 위협받는다는 불안을 갖기 쉬운지를 측정한다.

질문	전혀 그렇지 않다	그렇지 않다	그렇다	매우 그렇다
• 배려적이라고 생각한다.				
• 어지러진 방에 있으면 불안하다.				
• 실패 후에는 불안하다.				
• 세세한 것까지 신경쓴다.				
• 이유 없이 불안할 때가 있다.				

▶측정결과

㉠ '그렇다'가 많은 경우(상처받기 쉬운 유형) : 사소한 일에 신경 쓰고 다른 사람의 사소한 한마디 말에 상처를 받기 쉽다.

• 면접관의 심리 : '동료들과 잘 지낼 수 있을까?', '실패할 때마다 위축되지 않을까?'

• 면접대책 : 다소 신경질적이라도 능력을 발휘할 수 있다는 평가를 얻도록 한다. 주변과 충분한 의사소통이 가능하고, 결정한 것을 실행할 수 있다는 것을 보여주어야 한다.

㉡ '그렇지 않다'가 많은 경우(정신적으로 안정적인 유형) : 사소한 일에 신경 쓰지 않고 금방 해결하며, 주위 사람의 말에 과민하게 반응하지 않는다.

• 면접관의 심리 : '계약할 때 필요한 유형이고, 사고 발생에도 유연하게 대처할 수 있다.'

• 면접대책 : 일반적으로 '민감성'의 측정치가 낮으면 플러스 평가를 받으므로 더욱 자신감 있는 모습을 보여준다.

② **자책성**(과민도) … 자신을 비난하거나 책망하는 정도를 측정한다.

질문	전혀 그렇지 않다	그렇지 않다	그렇다	매우 그렇다
• 후회하는 일이 많다.				
• 자신이 하찮은 존재라 생각된다.				
• 문제가 발생하면 자기의 탓이라고 생각한다.				
• 무슨 일이든지 끙끙대며 진행하는 경향이 있다.				
• 온순한 편이다.				

▶측정결과

㉠ '그렇다'가 많은 경우(자책하는 유형) : 비관적이고 후회하는 유형이다.
  • 면접관의 심리 : '끙끙대며 괴로워하고, 일을 진행하지 못할 것 같다.'
  • 면접대책 : 기분이 저조해도 항상 의욕을 가지고 생활하는 것과 책임감이 강하다는 것을 보여준다.

㉡ '그렇지 않다'가 많은 경우(낙천적인 유형) : 기분이 항상 밝은 편이다.
  • 면접관의 심리 : '안정된 대인관계를 맺을 수 있고, 외부의 압력에도 흔들리지 않는다.'
  • 면접대책 : 일반적으로 '자책성'의 측정치가 낮아야 좋은 평가를 받는다.

③ **기분성**(불안도) … 기분의 굴곡이나 감정적인 면의 미숙함이 어느 정도인지를 측정하는 것이다.

질문	전혀 그렇지 않다	그렇지 않다	그렇다	매우 그렇다
• 다른 사람의 의견에 자신의 결정이 흔들리는 경우가 많다.				
• 기분이 쉽게 변한다.				
• 종종 후회한다.				
• 다른 사람보다 의지가 약한 편이라고 생각한다.				
• 금방 싫증을 내는 성격이라는 말을 자주 듣는다.				

▶측정결과

㉠ '그렇다'가 많은 경우(감정의 기복이 많은 유형) : 의지력보다 기분에 따라 행동하기 쉽다.
 • 면접관의 심리 : '감정적인 것에 약하며, 상황에 따라 생산성이 떨어지지 않을까?'
 • 면접대책 : 주변 사람들과 항상 협조한다는 것을 강조하고 한결같은 상태로 일할 수 있다는 평가를 받도록 한다.

㉡ '그렇지 않다'가 많은 경우(감정의 기복이 적은 유형) : 감정의 기복이 없고, 안정적이다.
 • 면접관의 심리 : '안정적으로 업무에 임할 수 있다.'
 • 면접대책 : 기분성의 측정치가 낮으면 플러스 평가를 받으므로 자신감을 가지고 면접에 임한다.

④ 독자성(개인도) … 주변에 대한 견해나 관심, 자신의 견해나 생각에 어느 정도의 속박감을 가지고 있는지를 측정한다.

질문	전혀 그렇지 않다	그렇지 않다	그렇다	매우 그렇다
• 창의적 사고방식을 가지고 있다. • 융통성이 없는 편이다. • 혼자 있는 편이 많은 사람과 있는 것보다 편하다. • 개성적이라는 말을 듣는다. • 교제는 번거로운 것이라고 생각하는 경우가 많다.				

▶측정결과

㉠ '그렇다'가 많은 경우 : 자기의 관점을 중요하게 생각하는 유형으로, 주위의 상황보다 자신의 느낌과 생각을 중시한다.
 • 면접관의 심리 : '제멋대로 행동하지 않을까?'
 • 면접대책 : 주위 사람과 협조하여 일을 진행할 수 있다는 것과 상식에 얽매이지 않는다는 인상을 심어 준다.

㉡ '그렇지 않다'가 많은 경우 : 상식적으로 행동하고 주변 사람의 시선에 신경을 쓴다.
 • 면접관의 심리 : '다른 직원들과 협조하여 업무를 진행할 수 있겠다.'
 • 면접대책 : 협조성이 요구되는 기업체에서는 플러스 평가를 받을 수 있다.

⑤ **자신감**(자존심도) ··· 자기 자신에 대해 얼마나 긍정적으로 평가하는지를 측정한다.

질문	전혀 그렇지 않다	그렇지 않다	그렇다	매우 그렇다
• 다른 사람보다 능력이 뛰어나다고 생각한다. • 다소 반대의견이 있어도 나만의 생각으로 행동할 수 있다. • 나는 다른 사람보다 기가 센 편이다. • 동료가 나를 모욕해도 무시할 수 있다. • 대개의 일을 목적한 대로 헤쳐나갈 수 있다고 생각한다.				

▶측정결과

㉠ '그렇다'가 많은 경우 : 자기 능력이나 외모 등에 자신감이 있고, 비판당하는 것을 좋아하지 않는다.
 • 면접관의 심리 : '자만하여 지시에 잘 따를 수 있을까?'
 • 면접대책 : 다른 사람의 조언을 잘 받아들이고, 겸허하게 반성하는 면이 있다는 것을 보여주고, 동료들과 잘 지내며 리더의 자질이 있다는 것을 강조한다.

㉡ '그렇지 않다'가 많은 경우 : 자신감이 없고 다른 사람의 비판에 약하다.
 • 면접관의 심리 : '패기가 부족하지 않을까?', '쉽게 좌절하지 않을까?'
 • 면접대책 : 극도의 자신감 부족으로 평가되지는 않는다. 그러나 마음이 약한 면은 있지만 의욕적으로 일을 하겠다는 마음가짐을 보여준다.

⑥ **고양성**(분위기에 들뜨는 정도) ··· 자유분방함, 명랑함과 같이 감정(기분)의 높고 낮음의 정도를 측정한다.

질문	전혀 그렇지 않다	그렇지 않다	그렇다	매우 그렇다
• 침착하지 못한 편이다. • 다른 사람보다 쉽게 우쭐해진다. • 모든 사람이 아는 유명인사가 되고 싶다. • 모임이나 집단에서 분위기를 이끄는 편이다. • 취미 등이 오랫동안 지속되지 않는 편이다.				

▶측정결과

㉠ '그렇다'가 많은 경우 : 자극이나 변화가 있는 일상을 원하고 기분을 들뜨게 하는 사람과 친밀하게 지내는 경향이 강하다.

• 면접관의 심리 : '일을 진행하는 데 변덕스럽지 않을까?'

• 면접대책 : 밝은 태도는 플러스 평가를 받을 수 있지만, 착실한 업무능력이 요구되는 직종에서는 마이너스 평가가 될 수 있다. 따라서 자기조절이 가능하다는 것을 보여준다.

㉡ '그렇지 않다'가 많은 경우 : 감정이 항상 일정하고, 속을 드러내 보이지 않는다.

• 면접관의 심리 : '안정적인 업무 태도를 기대할 수 있겠다.'

• 면접대책 : '고양성'의 낮음은 대체로 플러스 평가를 받을 수 있다. 그러나 '무엇을 생각하고 있는지 모르겠다' 등의 평을 듣지 않도록 주의한다.

⑦ 허위성(진위성) … 필요 이상으로 자기를 좋게 보이려 하거나 기업체가 원하는 '이상형'에 맞춘 대답을 하고 있는지, 없는지를 측정한다.

질문	전혀 그렇지 않다	그렇지 않다	그렇다	매우 그렇다
• 약속을 깨뜨린 적이 한 번도 없다.				
• 다른 사람을 부럽다고 생각해 본 적이 없다.				
• 꾸지람을 들은 적이 없다.				
• 사람을 미워한 적이 없다.				
• 화를 낸 적이 한 번도 없다.				

▶측정결과

㉠ '그렇다'가 많은 경우 : 실제의 자기와는 다른, 말하자면 원칙으로 해답할 가능성이 있다.

• 면접관의 심리 : '거짓을 말하고 있다.'

• 면접대책 : 조금이라도 좋게 보이려고 하는 '거짓말쟁이'로 평가될 수 있다. '거짓을 말하고 있다.'는 마음 따위가 전혀 없다 해도 결과적으로는 정직하게 답하지 않는다는 것이 되어 버린다. '허위성'의 측정 질문은 구분되지 않고 다른 질문 중에 섞여 있다. 그러므로 모든 질문에 솔직하게 답하여야 한다. 또한 자기 자신과 너무 동떨어진 이미지로 답하면 좋은 결과를 얻지 못한다. 그리고 면접에서 '허위성'을 기본으로 한 질문을 받게 되므로 당황하거나 또다른 모순된 답변을 하게 된다. 겉치레를 하거나 무리한 욕심을 부리지 말고 '이런 사회인이 되고 싶다.'는 현재의 자신보다, 조금 성장한 자신을 표현하는 정도가 적당하다.

㉡ '그렇지 않다'가 많은 경우 : 냉정하고 정직하며, 외부의 압력과 스트레스에 강한 유형이다. '대쪽 같음'의 이미지가 굳어지지 않도록 주의한다.

(2) 행동적인 측면

행동적 측면은 인격 중에 특히 행동으로 드러나기 쉬운 측면을 측정한다. 사람의 행동 특징 자체에는 선도 악도 없으나, 일반적으로는 일의 내용에 의해 원하는 행동이 있다. 때문에 행동적 측면은 주로 직종과 깊은 관계가 있는데 자신의 행동 특성을 살려 적합한 직종을 선택한다면 플러스가 될 수 있다.

행동 특성에서 보여 지는 특징은 면접장면에서도 드러나기 쉬운데 본서의 모의 TEST의 결과를 참고하여 자신의 태도, 행동이 면접관의 시선에 어떻게 비치는지를 점검하도록 한다.

① **사회적 내향성** … 대인관계에서 나타나는 행동경향으로 '낯가림'을 측정한다.

질문	선택
A : 파티에서는 사람을 소개받은 편이다. B : 파티에서는 사람을 소개하는 편이다.	
A : 처음 보는 사람과는 어색하게 시간을 보내는 편이다. B : 처음 보는 사람과는 즐거운 시간을 보내는 편이다.	
A : 친구가 적은 편이다. B : 친구가 많은 편이다.	
A : 자신의 의견을 말하는 경우가 적다. B : 자신의 의견을 말하는 경우가 많다.	
A : 사교적인 모임에 참석하는 것을 좋아하지 않는다. B : 사교적인 모임에 항상 참석한다.	

▶측정결과

㉠ 'A'가 많은 경우 : 내성적이고 사람들과 접하는 것에 소극적이다. 자신의 의견을 말하지 않고 조심스러운 편이다.
  • 면접관의 심리 : '소극적인데 동료와 잘 지낼 수 있을까?'
  • 면접대책 : 대인관계를 맺는 것을 싫어하지 않고 의욕적으로 일을 할 수 있다는 것을 보여준다.
㉡ 'B'가 많은 경우 : 사교적이고 자기의 생각을 명확하게 전달할 수 있다.
  • 면접관의 심리 : '사교적이고 활동적인 것은 좋지만, 자기주장이 너무 강하지 않을까?'
  • 면접대책 : 협조성을 보여주고, 자기주장이 너무 강하다는 인상을 주지 않도록 주의한다.

② 내성성(침착도) … 자신의 행동과 일에 대해 침착하게 생각하는 정도를 측정한다.

질문	선택
A : 시간이 걸려도 침착하게 생각하는 경우가 많다. B : 짧은 시간에 결정을 하는 경우가 많다.	
A : 실패의 원인을 찾고 반성하는 편이다. B : 실패를 해도 그다지(별로) 개의치 않는다.	
A : 결론이 도출되어도 몇 번 정도 생각을 바꾼다. B : 결론이 도출되면 신속하게 행동으로 옮긴다.	
A : 여러 가지 생각하는 것이 능숙하다. B : 여러 가지 일을 재빨리 능숙하게 처리하는 데 익숙하다.	
A : 여러 가지 측면에서 사물을 검토한다. B : 행동한 후 생각을 한다.	

▶측정결과

㉠ 'A'가 많은 경우 : 행동하기 보다는 생각하는 것을 좋아하고 신중하게 계획을 세워 실행한다.

• 면접관의 심리 : '행동으로 실천하지 못하고, 대응이 늦은 경향이 있지 않을까?'

• 면접대책 : 발로 뛰는 것을 좋아하고, 일을 더디게 한다는 인상을 주지 않도록 한다.

㉡ 'B'가 많은 경우 : 차분하게 생각하는 것보다 우선 행동하는 유형이다.

• 면접관의 심리 : '생각하는 것을 싫어하고 경솔한 행동을 하지 않을까?'

• 면접대책 : 계획을 세우고 행동할 수 있는 것을 보여주고 '사려깊다'라는 인상을 남기도록 한다.

③ **신체활동성** ··· 몸을 움직이는 것을 좋아하는가를 측정한다.

질문	선택
A : 민첩하게 활동하는 편이다. B : 준비행동이 없는 편이다.	
A : 일을 척척 해치우는 편이다. B : 일을 더디게 처리하는 편이다.	
A : 활발하다는 말을 듣는다. B : 얌전하다는 말을 듣는다.	
A : 몸을 움직이는 것을 좋아한다. B : 가만히 있는 것을 좋아한다.	
A : 스포츠를 하는 것을 즐긴다. B : 스포츠를 보는 것을 좋아한다.	

▶측정결과

㉠ 'A'가 많은 경우 : 활동적이고, 몸을 움직이게 하는 것이 컨디션이 좋다.

• 면접관의 심리 : '활동적으로 활동력이 좋아 보인다.'

• 면접대책 : 활동하고 얻은 성과 등과 주어진 상황의 대응능력을 보여준다.

㉡ 'B'가 많은 경우 : 침착한 인상으로, 차분하게 있는 타입이다.

• 면접관의 심리 : '좀처럼 행동하려 하지 않아 보이고, 일을 빠르게 처리할 수 있을까?'

④ **지속성(노력성)** ··· 무슨 일이든 포기하지 않고 끈기 있게 하려는 정도를 측정한다.

질문	선택
A : 일단 시작한 일은 시간이 걸려도 끝까지 마무리한다. B : 일을 하다 어려움에 부딪히면 단념한다.	
A : 끈질긴 편이다. B : 바로 단념하는 편이다.	
A : 인내가 강하다는 말을 듣는다. B : 금방 싫증을 낸다는 말을 듣는다.	
A : 집념이 깊은 편이다. B : 담백한 편이다.	
A : 한 가지 일에 구애되는 것이 좋다고 생각한다. B : 간단하게 체념하는 것이 좋다고 생각한다.	

▶측정결과

㉠ 'A'가 많은 경우 : 시작한 것은 어려움이 있어도 포기하지 않고 인내심이 높다.
- 면접관의 심리 : '한 가지의 일에 너무 구애되고, 업무의 진행이 원활할까?'
- 면접대책 : 인내력이 있는 것은 플러스 평가를 받을 수 있지만 집착이 강해 보이기도 한다.

㉡ 'B'가 많은 경우 : 뒤끝이 없고 조그만 실패로 일을 포기하기 쉽다.
- 면접관의 심리 : '질리는 경향이 있고, 일을 정확히 끝낼 수 있을까?'
- 면접대책 : 지속적인 노력으로 성공했던 사례를 준비하도록 한다.

⑤ **신중성(주의성)** … 자신이 처한 주변상황을 즉시 파악하고 자신의 행동이 어떤 영향을 미치는지를 측정한다.

질문	선택
A : 여러 가지로 생각하면서 완벽하게 준비하는 편이다. B : 행동할 때부터 임기응변적인 대응을 하는 편이다.	
A : 신중해서 타이밍을 놓치는 편이다. B : 준비 부족으로 실패하는 편이다.	
A : 자신은 어떤 일에도 신중히 대응하는 편이다. B : 순간적인 충동으로 활동하는 편이다.	
A : 시험을 볼 때 끝날 때까지 재검토하는 편이다. B : 시험을 볼 때 한 번에 모든 것을 마치는 편이다.	
A : 일에 대해 계획표를 만들어 실행한다. B : 일에 대한 계획표 없이 진행한다.	

▶측정결과

㉠ 'A'가 많은 경우 : 주변 상황에 민감하고, 예측하여 계획 있게 일을 진행한다.
- 면접관의 심리 : '너무 신중해서 적절한 판단을 할 수 있을까?', '앞으로의 상황에 불안을 느끼지 않을까?'
- 면접대책 : 예측을 하고 실행을 하는 것은 플러스 평가가 되지만, 너무 신중하면 일의 진행이 정체될 가능성을 보이므로 추진력이 있다는 강한 의욕을 보여준다.

㉡ 'B'가 많은 경우 : 주변 상황을 살펴보지 않고 착실한 계획 없이 일을 진행시킨다.
- 면접관의 심리 : '사려 깊지 않고, 실패하는 일이 많지 않을까?', '판단이 빠르고 유연한 사고를 할 수 있을까?'
- 면접대책 : 사전준비를 중요하게 생각하고 있다는 것 등을 보여주고, 경솔한 인상을 주지 않도록 한다. 또한 판단력이 빠르거나 유연한 사고 덕분에 일 처리를 잘 할 수 있다는 것을 강조한다.

(3) 의욕적인 측면

의욕적인 측면은 의욕의 정도, 활동력의 유무 등을 측정한다. 여기서의 의욕이란 우리들이 보통 말하고 사용하는 '하려는 의지'와는 조금 뉘앙스가 다르다. '하려는 의지'란 그 때의 환경이나 기분에 따라 변화하는 것이지만, 여기에서는 조금 더 변화하기 어려운 특징, 말하자면 정신적 에너지의 양으로 측정하는 것이다.

의욕적 측면은 행동적 측면과는 다르고, 전반적으로 어느 정도 점수가 높은 쪽을 선호한다. 모의검사의 의욕적 측면의 결과가 낮다면, 평소 일에 몰두할 때 조금 의욕 있는 자세를 가지고 서서히 개선하도록 노력해야 한다.

① 달성의욕 … 목적의식을 가지고 높은 이상을 가지고 있는지를 측정한다.

질문	선택
A : 경쟁심이 강한 편이다. B : 경쟁심이 약한 편이다.	
A : 어떤 한 분야에서 제1인자가 되고 싶다고 생각한다. B : 어느 분야에서든 성실하게 임무를 진행하고 싶다고 생각한다.	
A : 규모가 큰 일을 해보고 싶다. B : 맡은 일에 충실히 임하고 싶다.	
A : 아무리 노력해도 실패한 것은 아무런 도움이 되지 않는다. B : 가령 실패했을 지라도 나름대로의 노력이 있었으므로 괜찮다.	
A : 높은 목표를 설정하여 수행하는 것이 의욕적이다. B : 실현 가능한 정도의 목표를 설정하는 것이 의욕적이다.	

▶측정결과

㉠ 'A'가 많은 경우 : 큰 목표와 높은 이상을 가지고 승부욕이 강한 편이다.
- 면접관의 심리 : '열심히 일을 해줄 것 같은 유형이다.'
- 면접대책 : 달성의욕이 높다는 것은 어떤 직종이라도 플러스 평가가 된다.

㉡ 'B'가 많은 경우 : 현재의 생활을 소중하게 여기고 비약적인 발전을 위하여 기를 쓰지 않는다.
- 면접관의 심리 : '외부의 압력에 약하고, 기획입안 등을 하기 어려울 것이다.'
- 면접대책 : 일을 통하여 하고 싶은 것들을 구체적으로 어필한다.

② **활동의욕** … 자신에게 잠재된 에너지의 크기로, 정신적인 측면의 활동력이라 할 수 있다.

질문	선택
A : 하고 싶은 일을 실행으로 옮기는 편이다. B : 하고 싶은 일을 좀처럼 실행할 수 없는 편이다.	
A : 어려운 문제를 해결해 가는 것이 좋다. B : 어려운 문제를 해결하는 것을 잘하지 못한다.	
A : 일반적으로 결단이 빠른 편이다. B : 일반적으로 결단이 느린 편이다.	
A : 곤란한 상황에도 도전하는 편이다. B : 사물의 본질을 깊게 관찰하는 편이다.	
A : 시원시원하다는 말을 잘 듣는다. B : 꼼꼼하다는 말을 잘 듣는다.	

▶측정결과

㉠ 'A'가 많은 경우 : 꾸물거리는 것을 싫어하고 재빠르게 결단해서 행동하는 타입이다.
 • 면접관의 심리 : '일을 처리하는 솜씨가 좋고, 일을 척척 진행할 수 있을 것 같다.'
 • 면접대책 : 활동의욕이 높은 것은 플러스 평가가 된다. 사교성이나 활동성이 강하다는 인상을 준다.
㉡ 'B'가 많은 경우 : 안전하고 확실한 방법을 모색하고 차분하게 시간을 아껴서 일에 임하는 타입이다.
 • 면접관의 심리 : '재빨리 행동을 못하고, 일의 처리속도가 느린 것이 아닐까?'
 • 면접대책 : 활동성이 있는 것을 좋아하고 움직임이 더디다는 인상을 주지 않도록 한다.

3 성격의 유형

(1) 인성검사유형의 4가지 척도

　정서적인 측면, 행동적인 측면, 의욕적인 측면의 요소들은 성격 특성이라는 관점에서 제시된 것들로 각 개인의 장·단점을 파악하는 데 유용하다. 그러나 전체적인 개인의 인성을 이해하는 데는 한계가 있다.

　성격의 유형은 개인의 '성격적인 특색'을 가리키는 것으로, 사회인으로서 적합한지, 아닌지를 말하는 관점과는 관계가 없다. 따라서 채용의 합격 여부에는 사용되지 않는 경우가 많으며, 입사 후의 적정 부서 배치의 자료가 되는 편이라 생각하면 된다. 그러나 채용과 관계가 없다고 해서 아무런 준비도 필요없는 것은 아니다. 자신을 아는 것은 면접 대책의 밑거름이 되므로 모의검사 결과를 충분히 활용하도록 하여야 한다.

본서에서는 4개의 척도를 사용하여 기본적으로 16개의 패턴으로 성격의 유형을 분류하고 있다. 각 개인의 성격이 어떤 유형인지 재빨리 파악하기 위해 사용되며, '적성'에 맞는지, 맞지 않는지의 관점에 활용된다.

- 흥미 · 관심의 방향 : 내향형 ←——————→ 외향형
- 사물에 대한 견해 : 직관형 ←——————→ 감각형
- 판단하는 방법 : 감정형 ←——————→ 사고형
- 환경에 대한 접근방법 : 지각형 ←——————→ 판단형

(2) 성격유형

① 흥미 · 관심의 방향(내향⇆외향) … 흥미 · 관심의 방향이 자신의 내면에 있는지, 주위환경 등 외면에 향하는 지를 가리키는 척도이다.

질문	선택
A : 내성적인 성격인 편이다. B : 개방적인 성격인 편이다.	
A : 항상 신중하게 생각을 하는 편이다. B : 바로 행동에 착수하는 편이다.	
A : 수수하고 조심스러운 편이다. B : 자기 표현력이 강한 편이다.	
A : 다른 사람과 함께 있으면 침착하지 않다. B : 혼자서 있으면 침착하지 않다.	

▶측정결과
㉠ 'A'가 많은 경우(내향) : 관심의 방향이 자기 내면에 있으며, 조용하고 낯을 가리는 유형이다. 행동력은 부족하나 집중력이 뛰어나고 신중하고 꼼꼼하다.
㉡ 'B'가 많은 경우(외향) : 관심의 방향이 외부환경에 있으며, 사교적이고 활동적인 유형이다. 꼼꼼함이 부족하여 대충하는 경향이 있으나 행동력이 있다.

② **일(사물)을 보는 방법(직감⇆감각)** … 일(사물)을 보는 법이 직감적으로 형식에 얽매이는지, 감각적으로 상식적인지를 가리키는 척도이다.

질문	선택
A : 현실주의적인 편이다. B : 상상력이 풍부한 편이다.	
A : 정형적인 방법으로 일을 처리하는 것을 좋아한다. B : 만들어진 방법에 변화가 있는 것을 좋아한다.	
A : 경험에서 가장 적합한 방법으로 선택한다. B : 지금까지 없었던 새로운 방법을 개척하는 것을 좋아한다.	
A : 성실하다는 말을 듣는다. B : 호기심이 강하다는 말을 듣는다.	

▶측정결과

㉠ 'A'가 많은 경우(감각) : 현실적이고 경험주의적이며 보수적인 유형이다.

㉡ 'B'가 많은 경우(직관) : 새로운 주제를 좋아하며, 독자적인 시각을 가진 유형이다.

③ **판단하는 방법(감정⇆사고)** … 일을 감정적으로 판단하는지, 논리적으로 판단하는지를 가리키는 척도이다.

질문	선택
A : 인간관계를 중시하는 편이다. B : 일의 내용을 중시하는 편이다.	
A : 결론을 자기의 신념과 감정에서 이끌어내는 편이다. B : 결론을 논리적 사고에 의거하여 내리는 편이다.	
A : 다른 사람보다 동정적이고 눈물이 많은 편이다. B : 다른 사람보다 이성적이고 냉정하게 대응하는 편이다.	
A : 남의 이야기를 듣고 감정몰입이 빠른 편이다. B : 고민 상담을 받으면 해결책을 제시해주는 편이다.	

▶측정결과

㉠ 'A'가 많은 경우(감정) : 일을 판단할 때 마음·감정을 중요하게 여기는 유형이다. 감정이 풍부하고 친절하나 엄격함이 부족하고 우유부단하며, 합리성이 부족하다.

㉡ 'B'가 많은 경우(사고) : 일을 판단할 때 논리성을 중요하게 여기는 유형이다. 이성적이고 합리적이나 타인에 대한 배려가 부족하다.

④ 환경에 대한 접근방법 … 주변상황에 어떻게 접근하는지, 그 판단기준을 어디에 두는지를 측정한다.

질문	선택
A : 사전에 계획을 세우지 않고 행동한다. B : 반드시 계획을 세우고 그것에 의거해서 행동한다. A : 자유롭게 행동하는 것을 좋아한다. B : 조직적으로 행동하는 것을 좋아한다. A : 조직성이나 관습에 속박당하지 않는다. B : 조직성이나 관습을 중요하게 여긴다. A : 계획 없이 낭비가 심한 편이다. B : 예산을 세워 물건을 구입하는 편이다.	

▶측정결과

㉠ 'A'가 많은 경우(지각) : 일의 변화에 융통성을 가지고 유연하게 대응하는 유형이다. 낙관적이며 질서보다는 자유를 좋아하나 임기응변식의 대응으로 무계획적인 인상을 줄 수 있다.

㉡ 'B'가 많은 경우(판단) : 일의 진행시 계획을 세워서 실행하는 유형이다. 순차적으로 진행하는 일을 좋아하고 끈기가 있으나 변화에 대해 적절하게 대응하지 못하는 경향이 있다.

(3) 성격유형의 판정

성격유형은 합격 여부의 판정보다는 배치를 위한 자료로써 이용된다. 즉, 기업은 입사시험단계에서 입사 후에도 사용할 수 있는 정보를 입수하고 있다는 것이다. 성격검사에서는 어느 척도가 얼마나 고득점이었는지에 주시하고 각각의 측면에서 반드시 하나씩 고르고 편성한다. 편성은 모두 16가지가 되나 각각의 측면을 더 세분하면 200가지 이상의 유형이 나온다.

여기에서는 16가지 편성을 제시한다. 성격검사에 어떤 정보가 게재되어 있는지를 이해하면서 자기의 성격유형을 파악하기 위한 실마리로 활용하도록 한다.

① 내향 – 직관 – 감정 – 지각(TYPE A)

관심이 내면에 향하고 조용하고 소극적이다. 사물에 대한 견해는 새로운 것에 대해 호기심이 강하고, 독창적이다. 감정은 좋아하는 것과 싫어하는 것의 판단이 확실하고, 감정이 풍부하고 따뜻한 느낌이 있는 반면, 합리성이 부족한 경향이 있다. 환경에 접근하는 방법은 순응적이고 상황의 변화에 대해 유연하게 대응하는 것을 잘한다.

② 내향 - 직관 - 감정 - 판단(TYPE B)

관심이 내면으로 향하고 조용하고 쑥쓰러움을 잘 타는 편이다. 사물을 보는 관점은 독창적이며, 자기나름대로 궁리하며 생각하는 일이 많다. 좋고 싫음으로 판단하는 경향이 강하고 타인에게는 친절한 반면, 우유부단하기 쉬운 편이다. 환경 변화에 대해 유연하게 대응하는 것을 잘한다.

③ 내향 - 직관 - 사고 - 지각(TYPE C)

관심이 내면으로 향하고 얌전하고 교제범위가 좁다. 사물을 보는 관점은 독창적이며, 현실에서 먼 추상적인 것을 생각하기를 좋아한다. 논리적으로 생각하고 판단하는 경향이 강하고 이성적이지만, 남의 감정에 대해서는 무반응인 경향이 있다. 환경의 변화에 순응적이고 융통성 있게 임기응변으로 대응할 수가 있다.

④ 내향 - 직관 - 사고 - 판단(TYPE D)

관심이 내면으로 향하고 주의깊고 신중하게 행동을 한다. 사물을 보는 관점은 독창적이며 논리를 좋아해서 이치를 따지는 경향이 있다. 논리적으로 생각하고 판단하는 경향이 강하고, 객관적이지만 상대방의 마음에 대한 배려가 부족한 경향이 있다. 환경에 대해서는 순응하는 것보다 대응하며, 한 번 정한 것은 끈질기게 행동하려 한다.

⑤ 내향 - 감각 - 감정 - 지각(TYPE E)

관심이 내면으로 향하고 조용하며 소극적이다. 사물을 보는 관점은 상식적이고 그대로의 것을 좋아하는 경향이 있다. 좋음과 싫음으로 판단하는 경향이 강하고 타인에 대해서 동정심이 많은 반면, 엄격한 면이 부족한 경향이 있다. 환경에 대해서는 순응적이고, 예측할 수 없다해도 태연하게 행동하는 경향이 있다.

⑥ 내향 - 감각 - 감정 - 판단(TYPE F)

관심이 내면으로 향하고 얌전하며 쑥쓰러움을 많이 탄다. 사물을 보는 관점은 상식적이고 논리적으로 생각하는 것보다도 경험을 중요시하는 경향이 있다. 좋고 싫음으로 판단하는 경향이 강하고 사람이 좋은 반면, 개인적 취향이나 소원에 영향을 받는 일이 많은 경향이 있다. 환경에 대해서는 영향을 받지 않고, 자기 페이스 대로 꾸준히 성취하는 일을 잘한다.

⑦ 내향 - 감각 - 사고 - 지각(TYPE G)

관심이 내면으로 향하고 얌전하고 교제범위가 좁다. 사물을 보는 관점은 상식적인 동시에 실천적이며, 틀에 박힌 형식을 좋아한다. 논리적으로 판단하는 경향이 강하고 침착하지만 사람에 대해서는 엄격하여 차가운 인상을 주는 일이 많다. 환경에 대해서 순응적이고, 계획적으로 행동하지 않으며 자유로운 행동을 좋아하는 경향이 있다.

⑧ 내향 – 감각 – 사고 – 판단(TYPE H)

관심이 내면으로 향하고 주의 깊고 신중하게 행동을 한다. 사물을 보는 관점이 상식적이고 새롭고 경험하지 못한 일에 대응을 잘 하지 못한다. 논리적으로 생각하고 판단하는 경향이 강하고, 공평하지만 상대방의 감정에 대해 배려가 부족할 때가 있다. 환경에 대해서는 작용하는 편이고, 질서 있게 행동하는 것을 좋아한다.

⑨ 외향 – 직관 – 감정 – 지각(TYPE I)

관심이 외향으로 향하고 밝고 활동적이며 교제범위가 넓다. 사물을 보는 관점은 독창적이고 호기심이 강하며 새로운 것을 생각하는 것을 좋아한다. 좋음 싫음으로 판단하는 경향이 강하다. 사람은 좋은 반면 개인적 취향이나 소원에 영향을 받는 일이 많은 편이다.

⑩ 외향 – 직관 – 감정 – 판단(TYPE J)

관심이 외향으로 향하고 개방적이며 누구와도 쉽게 친해질 수 있다. 사물을 보는 관점은 독창적이고 자기 나름대로 궁리하고 생각하는 면이 많다. 좋음과 싫음으로 판단하는 경향이 강하고, 타인에 대해 동정적이기 쉽고 엄격함이 부족한 경향이 있다. 환경에 대해서는 작용하는 편이고 질서 있는 행동을 하는 것을 좋아한다.

⑪ 외향 – 직관 – 사고 – 지각(TYPE K)

관심이 외향으로 향하고 태도가 분명하며 활동적이다. 사물을 보는 관점은 독창적이고 현실과 거리가 있는 추상적인 것을 생각하는 것을 좋아한다. 논리적으로 생각하고 판단하는 경향이 강하고, 공평하지만 상대에 대한 배려가 부족할 때가 있다.

⑫ 외향 – 직관 – 사고 – 판단(TYPE L)

관심이 외향으로 향하고 밝고 명랑한 성격이며 사교적인 것을 좋아한다. 사물을 보는 관점은 독창적이고 논리적인 것을 좋아하기 때문에 이치를 따지는 경향이 있다. 논리적으로 생각하고 판단하는 경향이 강하고 침착성이 뛰어나지만 사람에 대해서 엄격하고 차가운 인상을 주는 경우가 많다. 환경에 대해 작용하는 편이고 계획을 세우고 착실하게 실행하는 것을 좋아한다.

⑬ 외향 – 감각 – 감정 – 지각(TYPE M)

관심이 외향으로 향하고 밝고 활동적이고 교제범위가 넓다. 사물을 보는 관점은 상식적이고 종래대로 있는 것을 좋아한다. 보수적인 경향이 있고 좋아함과 싫어함으로 판단하는 경향이 강하며 타인에게는 친절한 반면, 우유부단한 경우가 많다. 환경에 대해 순응적이고, 융통성이 있고 임기응변으로 대응할 가능성이 높다.

⑭ 외향 – 감각 – 감정 – 판단(TYPE N)

관심이 외향으로 향하고 개방적이며 누구와도 쉽게 대면할 수 있다. 사물을 보는 관점은 상식적이고 논리적으로 생각하기보다는 경험을 중시하는 편이다. 좋아함과 싫어함으로 판단하는 경향이 강하고 감정이 풍부하며 따뜻한 느낌이 있는 반면에 합리성이 부족한 경우가 많다. 환경에 대해서 작용하는 편이고, 한 번 결정한 것은 끈질기게 실행하려고 한다.

⑮ 외향 – 감각 – 사고 – 지각(TYPE O)

관심이 외향으로 향하고 시원한 태도이며 활동적이다. 사물을 보는 관점이 상식적이며 동시에 실천적이고 명백한 형식을 좋아하는 경향이 있다. 논리적으로 생각하고 판단하는 경향이 강하고, 객관적이지만 상대 마음에 대해 배려가 부족한 경향이 있다.

⑯ 외향 – 감각 – 사고 – 판단(TYPE P)

관심이 외향으로 향하고 밝고 명랑하며 사교적인 것을 좋아한다. 사물을 보는 관점은 상식적이고 경험하지 못한 새로운 것에 대응을 잘 하지 못한다. 논리적으로 생각하고 판단하는 경향이 강하고 이성적이지만 사람의 감정에 무심한 경향이 있다. 환경에 대해서는 작용하는 편이고, 자기 페이스대로 꾸준히 성취하는 것을 잘한다.

4　인성검사의 대책

(1) 미리 알아두어야 할 점

① 출제 문항 수 … 인성검사의 출제 문항 수는 특별히 정해진 것이 아니며 각 기업체의 기준에 따라 달라질 수 있다. 보통 100문항 이상에서 500문항까지 출제된다고 예상하면 된다.

② 출제형식

　㉠ '예' 아니면 '아니오'의 형식

다음 문항을 읽고 자신에게 해당되는지 안 되는지를 판단하여 해당될 경우 '예'를, 해당되지 않을 경우 '아니오'를 고르시오.

질문	예	아니오
1. 자신의 생각이나 의견은 좀처럼 변하지 않는다.	○	
2. 구입한 후 끝까지 읽지 않은 책이 많다.		○

다음 문항에 대해서 평소에 자신이 생각하고 있는 것이나 행동하고 있는 것에 O표를 하시오.

질문	전혀 그렇지 않다	그렇지 않다	그렇다	매우 그렇다
1. 시간에 쫓기는 것이 싫다.			○	
2. 여행가기 전에 계획을 세운다		○		

ⓛ A와 B의 선택형식

A와 B에 주어진 문장을 읽고 자신에게 해당되는 것을 고르시오.

질문	선택
A : 걱정거리가 있어서 잠을 못 잘 때가 있다.	(○)
B : 걱정거리가 있어도 잠을 잘 잔다.	( )

ⓒ 하나의 상황이 주어지고 각 상황에 대한 반응의 적당한 정도를 선택하는 형식

당신은 회사에 입사한지 1년 반이 넘어 처음으로 A회사의 B와 함께 하나의 프로젝트를 맡았다. 당신은 열의에 차 있지만 B는 프로젝트 준비를 하는 동안 당신에게만 일을 떠넘기고 적당히 하려고 하고 있다. 이렇게 계속된다면 기간 내에 프로젝트를 끝내지 못할 상황이다. 당신은 어떻게 할 것인가?

a. B에게 나의 생각을 솔직히 얘기하고 열심히 일 할 것을 요구한다.

매우 바람직하다			그저 그렇다.			전혀 바람직하지 않다
①	②	③	④	⑤	⑥	⑦

b. 나의 상사에게 현재 상황을 보고한다.

매우 바람직하다			그저 그렇다.			전혀 바람직하지 않다
①	②	③	④	⑤	⑥	⑦

c. B의 상사에게 보고하고 다른 사람으로 교체해 줄 것을 요구한다.

매우 바람직하다			그저 그렇다.			전혀 바람직하지 않다
①	②	③	④	⑤	⑥	⑦

d. 나도 B가 일하는 만큼만 적당히 일한다.

매우 바람직하다			그저 그렇다.			전혀 바람직하지 않다
①	②	③	④	⑤	⑥	⑦

② 상황이 주어지고 자신이 그 결정을 하게 될 정도를 선택하는 형식

> 김 대리는 물품관리부에 근무하고 있다. 각 팀의 사원들에게 필요한 사무용품 및 기자재 등을 관리하는 업무를 담당한다. 최근 들어, 일주일에 한 번 꼴로 기자재가 도난당하는 일이 연이어 발생되고 있다. 그래서 사무실에 CCTV를 설치한 김 대리는 기자재를 훔쳐가는 범인이 희망퇴직을 2달 앞둔 박 부장이라는 것을 알게 되었다. 김 대리는 다음 날 박 부장을 경찰에 신고하였다. 자신이 김 대리라면 박 부장을 경찰에 신고할 확률은?

① 0%   ② 25%
③ 50%   ④ 75%
⑤ 100%

(2) 임하는 자세

① **솔직하게 있는 그대로 표현한다** … 인성검사는 평범한 일상생활 내용들을 다룬 짧은 문장과 어떤 대상이나 일에 대한 선로를 선택하는 문장으로 구성되었으므로 평소에 자신이 생각한 바를 너무 골똘히 생각하지 말고 문제를 보는 순간 떠오른 것을 표현한다.

② **모든 문제를 신속하게 대답한다** … 인성검사는 시간 제한이 없는 것이 원칙이지만 기업체들은 일정한 시간 제한을 두고 있다. 인성검사는 개인의 성격과 자질을 알아보기 위한 검사이기 때문에 정답이 없다. 다만, 기업체에서 바람직하게 생각하거나 기대되는 결과가 있을 뿐이다. 따라서 시간에 쫓겨서 대충 대답을 하는 것은 바람직하지 못하다.

02 실전 인성검사

☞ 인성검사는 정답 및 해설이 없습니다.

|1~100| 다음 주어진 보기 중에서 자신과 가장 가깝다고 생각하는 것은 'ㄱ'에 표시하고, 자신과 가장 멀다고 생각하는 것은 'ㅁ'에 표시하시오.

1
① 모임에서 리더에 어울리지 않는다고 생각한다.
② 착실한 노력으로 성공한 이야기를 좋아한다.
③ 어떠한 일에도 의욕적으로 임하는 편이다.
④ 학급에서는 존재가 두드러졌다.

ㄱ	① ② ③ ④
ㅁ	① ② ③ ④

2
① 아무것도 생각하지 않을 때가 많다.
② 스포츠는 하는 것보다는 보는 게 좋다.
③ 게으른 편이라고 생각한다.
④ 비가 오지 않으면 우산을 가지고 가지 않는다.

ㄱ	① ② ③ ④
ㅁ	① ② ③ ④

3
① 1인자보다는 조력자의 역할을 좋아한다.
② 의리를 지키는 타입이다.
③ 리드를 하는 편이다.
④ 신중함이 부족해서 후회한 적이 있다.

ㄱ	① ② ③ ④
ㅁ	① ② ③ ④

4
① 여유 있게 대비하는 타입이다.
② 업무가 진행 중이라도 야근을 하지 않는다.
③ 타인을 만날 경우 생각날 때 방문하므로 부재 중일 때가 있다.
④ 노력하는 과정이 중요하고 결과는 중요하지 않다.

ㄱ	① ② ③ ④
ㅁ	① ② ③ ④

5
① 무리해서 행동할 필요는 없다.
② 유행에 민감하다고 생각한다.
③ 정해진 대로 움직이는 편이 안심된다.
④ 현실을 직시하는 편이다.

ㄱ	① ② ③ ④
ㅁ	① ② ③ ④

6
① 자유보다 질서를 중요시하는 편이다.
② 잡담하는 것을 좋아한다.
③ 경험에 비추어 판단하는 편이다.
④ 영화나 드라마는 각본의 완성도나 화면구성에 주목한다.

ㄱ	① ② ③ ④
ㅁ	① ② ③ ④

7
① 타인의 일에 별로 관심이 없다.
② 다른 사람의 소문에 관심이 많다.
③ 실무적인 편이다.
④ 정이 많다.

ㄱ	① ② ③ ④
ㅁ	① ② ③ ④

8　① 협조성이 있다고 생각한다.

　　② 친구의 휴대폰 번호는 모두 안다.

　　③ 정해진 순서에 따르는 것을 좋아한다.

　　④ 이성적인 사람으로 남고 싶다.

ㄱ	① ② ③ ④
ㅁ	① ② ③ ④

9　① 조직의 일원으로 어울린다.

　　② 세상의 일에 관심이 많다.

　　③ 안정을 추구하는 편이다.

　　④ 업무는 내용으로 선택한다.

ㄱ	① ② ③ ④
ㅁ	① ② ③ ④

10　① 되도록 환경은 변하지 않는 것이 좋다.

　　② 밝은 성격이다.

　　③ 별로 반성하지 않는다.

　　④ 활동범위가 좁은 편이다.

ㄱ	① ② ③ ④
ㅁ	① ② ③ ④

11　① 자신을 시원시원한 사람이라고 생각한다.

　　② 좋다고 생각하면 바로 행동한다.

　　③ 좋은 사람이 되고 싶다.

　　④ 한 번에 많은 일을 떠맡는 것은 골칫거리라고 생각한다.

ㄱ	① ② ③ ④
ㅁ	① ② ③ ④

12
① 사람과 만날 약속은 즐겁다.
② 질문을 받으면 그때의 느낌으로 대답하는 편이다.
③ 땀을 흘리는 것보다 머리를 쓰는 일이 좋다.
④ 이미 결정된 것이라도 그다지 구속받지 않는다.

ㄱ	① ② ③ ④
ㅁ	① ② ③ ④

13
① 외출시 문을 잠갔는지 별로 확인하지 않는다.
② 지위를 얻는 것을 좋아한다.
③ 안전책을 고르는 타입이다.
④ 자신이 사교적이라고 생각한다.

ㄱ	① ② ③ ④
ㅁ	① ② ③ ④

14
① 도리는 상관없다.
② '참 착하네요'라는 말을 자주 듣는다.
③ 단념이 중요하다고 생각한다.
④ 누구도 예상하지 못한 일을 해보고 싶다.

ㄱ	① ② ③ ④
ㅁ	① ② ③ ④

15
① 평범하고 평온하게 행복한 인생을 살고 싶다.
② 움직이는 일을 좋아하지 않는다.
③ 특별히 소극적이라고 생각하지 않는다.
④ 이것저것 평하는 것이 싫다.

ㄱ	① ② ③ ④
ㅁ	① ② ③ ④

16　① 자신은 성급하지 않다고 생각한다.
　　② 꾸준히 노력하는 것을 잘 하지 못한다.
　　③ 내일의 계획을 미리 머릿속에 기억한다.
　　④ 협동성이 있는 사람이 되고 싶다.

| ㄱ | ① ② ③ ④ |
| ㅁ | ① ② ③ ④ |

17　① 열정적인 사람이라고 생각하지 않는다.
　　② 다른 사람 앞에서 이야기를 잘한다.
　　③ 행동력이 있는 편이다.
　　④ 엉덩이가 무거운 편이다.

| ㄱ | ① ② ③ ④ |
| ㅁ | ① ② ③ ④ |

18　① 특별히 구애받는 것이 없다.
　　② 돌다리는 두들겨 보지 않고 건너도 된다.
　　③ 자신에게는 권력욕이 없다.
　　④ 업무를 할당받으면 부담스럽다.

| ㄱ | ① ② ③ ④ |
| ㅁ | ① ② ③ ④ |

19　① 활동적인 사람이라고 생각한다.
　　② 비교적 보수적이다.
　　③ 계산이 뛰어나다.
　　④ 규칙을 잘 지킨다.

| ㄱ | ① ② ③ ④ |
| ㅁ | ① ② ③ ④ |

20
① 교제 범위가 넓은 편이다.
② 상식적인 판단을 할 수 있는 타입이라고 생각한다.
③ 너무 객관적이어서 실패한다.
④ 보수적인 면을 추구한다.

ㄱ	① ② ③ ④
ㅁ	① ② ③ ④

21
① 내가 누구의 팬인지 주변의 사람들이 안다.
② 가능성보다 현실이다.
③ 그 사람에게 필요한 것을 선물하고 싶다.
④ 여행은 계획적으로 하는 것이 좋다.

ㄱ	① ② ③ ④
ㅁ	① ② ③ ④

22
① 구체적인 일에 관심이 있는 편이다.
② 일은 착실히 하는 편이다.
③ 괴로워하는 사람을 보면 우선 이유를 생각한다.
④ 가치 기준이 확고하다.

ㄱ	① ② ③ ④
ㅁ	① ② ③ ④

23
① 밝고 개방적인 편이다.
② 현실 인식을 잘하는 편이라고 생각한다.
③ 공평하고 공적인 상사를 만나고 싶다.
④ 시시해도 계획적인 인생이 좋다.

ㄱ	① ② ③ ④
ㅁ	① ② ③ ④

24
① 분석적이고 논리적이다.
② 사물에 대해 가볍게 생각하는 경향이 있다.
③ 계획을 정확하게 세워서 행동하는 것을 못한다.
④ 주변의 일을 여유 있게 해결한다.

ㄱ	① ② ③ ④
ㅁ	① ② ③ ④

25
① 생각했다고 해서 꼭 행동으로 옮기는 것은 아니다.
② 목표 달성에 별로 구애받지 않는다.
③ 경쟁하는 것을 좋아하지 않는다.
④ 정해진 친구만 교제한다.

ㄱ	① ② ③ ④
ㅁ	① ② ③ ④

26
① 활발한 사람이라는 말을 듣는 편이다.
② 자주 기회를 놓치는 편이다.
③ 단념하는 것이 필요할 때도 있다.
④ 학창시절 체육수업을 잘하지 못했다.

ㄱ	① ② ③ ④
ㅁ	① ② ③ ④

27
① 결과보다 과정이 중요하다.
② 자기 능력의 범위 내에서 정확히 일을 하고 싶다.
③ 새로운 사람을 만날 때는 용기가 필요하다.
④ 차분하고 사려 깊은 사람을 동경한다.

ㄱ	① ② ③ ④
ㅁ	① ② ③ ④

28
① 글을 쓸 때 미리 내용을 결정하고 나서 쓴다.
② 여러 가지 일을 경험하고 싶다.
③ 스트레스를 해소하기 위해 집에서 조용히 지낸다.
④ 기한 내에 끝내지 못하는 일이 있다.

ㄱ	① ② ③ ④
ㅁ	① ② ③ ④

29
① 무리한 도전을 할 필요는 없다고 생각한다.
② 남의 앞에 나서는 것을 잘 하지 못하는 편이다.
③ 납득이 안 되면 행동이 안 된다.
④ 약속시간에 여유 없이 도착하는 편이다.

ㄱ	① ② ③ ④
ㅁ	① ② ③ ④

30
① 유연히 대응하는 편이다.
② 휴일에는 집 안에서 편안하게 있을 때가 많다.
③ 위험성을 무릅쓰면서 성공하고 싶다고 생각하지 않는다.
④ '누군가 도와주지 않을까'라고 생각하는 편이다.

ㄱ	① ② ③ ④
ㅁ	① ② ③ ④

31
① 친구가 적은 편이다.
② 결론이 나도 여러 번 생각을 하는 편이다.
③ 앞으로의 일을 걱정되어도 어쩔 수 없다.
④ 같은 일을 계속해서 잘 하지 못한다.

ㄱ	① ② ③ ④
ㅁ	① ② ③ ④

32
① 움직이지 않고 많은 생각을 하는 것이 즐겁다.
② 현실적이다.
③ 오늘 하지 않아도 되는 일은 내일 하는 편이다.
④ 적은 친구랑 깊게 사귀는 편이다.

ㄱ	①	②	③	④
ㅁ	①	②	③	④

33
① 체험을 중요하게 여기는 편이다.
② 도리를 판별하는 사람을 좋아한다.
③ 갑작스런 상황에 유연하게 대처하는 편이다.
④ 쉬는 날은 외출하고 싶다.

ㄱ	①	②	③	④
ㅁ	①	②	③	④

34
① 현실적인 편이다.
② 생각날 때 물건을 산다.
③ 이성적인 사람이 되고 싶다고 생각한다.
④ 초면인 사람을 만나는 일은 잘 하지 못한다.

ㄱ	①	②	③	④
ㅁ	①	②	③	④

35
① 재미있는 것을 추구하는 경향이 있다.
② 어려움에 처해 있는 사람을 보면 원인을 생각한다.
③ 돈이 없으면 걱정이 된다.
④ 한 가지 일에 매달리는 편이다.

ㄱ	①	②	③	④
ㅁ	①	②	③	④

36
① 손재주가 있다.
② 규칙을 벗어나서까지 사람을 돕고 싶지 않다.
③ 일부러 위험에 접근하는 것은 어리석다고 생각한다.
④ 남의 주목을 받고 싶어 하는 편이다.

ㄱ	① ② ③ ④
ㅁ	① ② ③ ④

37
① 조금이라도 나쁜 소식은 절망의 시작이라고 생각해 버린다.
② 언제나 실패가 걱정이 되어 어쩔 줄 모른다.
③ 다수결의 의견에 따르는 편이다.
④ 혼자서 식당에 들어가는 것은 전혀 두려운 일이 아니다.

ㄱ	① ② ③ ④
ㅁ	① ② ③ ④

38
① 승부근성이 강하다.
② 자주 흥분해서 침착하지 못한다.
③ 지금까지 살면서 타인에게 폐를 끼친 적이 없다.
④ 소곤소곤 이야기하는 것을 보면 자기에 대해 험담하고 있
　는 것으로 생각된다.

ㄱ	① ② ③ ④
ㅁ	① ② ③ ④

39
① 무엇이든지 자기가 나쁘다고 생각하는 편이다.
② 자신을 변덕스러운 사람이라고 생각한다.
③ 고독을 즐기는 편이다.
④ 자존심이 강하다고 생각한다.

ㄱ	① ② ③ ④
ㅁ	① ② ③ ④

40
① 금방 흥분하는 성격이다.
② 거짓말을 한 적이 없다.
③ 신경질적인 편이다.
④ 끙끙대며 고민하는 타입이다.

| ㄱ | ① ② ③ ④ |
| ㅁ | ① ② ③ ④ |

41
① 감정적인 사람이라고 생각한다.
② 자신만의 신념을 가지고 있다.
③ 다른 사람을 바보 같다고 생각한 적이 있다.
④ 금방 말해버리는 편이다.

| ㄱ | ① ② ③ ④ |
| ㅁ | ① ② ③ ④ |

42
① 싫어하는 사람이 없다.
② 빨리 결정하고 과감하게 행동하는 편이다.
③ 쓸데없는 고생을 하는 일이 많다.
④ 자주 기계를 잘 다룬다.

| ㄱ | ① ② ③ ④ |
| ㅁ | ① ② ③ ④ |

43
① 문제점을 해결하기 위해 여러 사람과 상의한다.
② 내 방식대로 일을 한다.
③ 영화를 보고 운 적이 많다.
④ 어떤 것에 대해서도 화낸 적이 없다.

| ㄱ | ① ② ③ ④ |
| ㅁ | ① ② ③ ④ |

44
① 사소한 충고에도 걱정을 한다.
② 자신은 도움이 안 되는 사람이라고 생각한다.
③ 금방 싫증을 내는 편이다.
④ 개성적인 사람이라고 생각한다.

ㄱ	① ② ③ ④
ㅁ	① ② ③ ④

45
① 주장이 강한 편이다.
② 무엇보다도 일이 중요하다.
③ 학교를 쉬고 싶다고 생각한 적이 한 번도 없다.
④ 잘 안 되는 일이 있어도 계속 추진한다.

ㄱ	① ② ③ ④
ㅁ	① ② ③ ④

46
① 남을 잘 배려하는 편이다.
② 몸을 움직이는 것을 좋아한다.
③ 끈기가 있는 편이다.
④ 신중한 편이라고 생각한다.

ㄱ	① ② ③ ④
ㅁ	① ② ③ ④

47
① 인생의 목표는 큰 것이 좋다.
② 어떤 일이라도 바로 시작하는 타입이다.
③ 복잡한 문제를 해결해 가는 것이 즐겁다.
④ 생각하고 나서 행동하는 편이다.

ㄱ	① ② ③ ④
ㅁ	① ② ③ ④

48　① 쉬는 날은 밖으로 나가는 경우가 많다.

② 시작한 일은 반드시 완성시킨다.

③ 면밀한 계획을 세운 여행을 좋아한다.

④ 야망이 있는 편이라고 생각한다.

ㄱ	① ② ③ ④
ㅁ	① ② ③ ④

49　① 활동력이 있는 편이다.

② 비판력이 강하다.

③ 문제를 신속하게 해결한다.

④ 감수성이 풍부하다.

ㄱ	① ② ③ ④
ㅁ	① ② ③ ④

50　① 하나의 취미에 열중하는 타입이다.

② 성격이 급하다.

③ 입신출세의 성공이야기를 좋아한다.

④ 어떠한 일도 의욕을 가지고 임하는 편이다.

ㄱ	① ② ③ ④
ㅁ	① ② ③ ④

51　① 학창시절에 그다지 튀지 않는 학생이었다.

② 생각이 많은 사람이다.

③ 스포츠 같은 활동적인 취미를 갖고 있다.

④ 고집이 세다는 말을 종종 듣는다.

ㄱ	① ② ③ ④
ㅁ	① ② ③ ④

52
① 흐린 날은 반드시 우산을 가지고 간다.
② 즉흥적으로 결정하는 편이다.
③ 공격하는 타입이라고 생각한다.
④ 리드를 받는 편이다.

ㄱ	① ② ③ ④
ㅁ	① ② ③ ④

53
① 너무 신중해서 기회를 놓친 적이 있다.
② 시원시원하게 움직이는 타입이다.
③ 야근을 해서라도 업무를 끝낸다.
④ 누군가를 방문할 때는 반드시 사전에 확인한다.

ㄱ	① ② ③ ④
ㅁ	① ② ③ ④

54
① 노력해도 결과가 따르지 않으면 의미가 없다.
② 무조건 행동해야 한다.
③ 유행에 둔감하다고 생각한다.
④ 정해진 대로 움직이는 것은 시시하다.

ㄱ	① ② ③ ④
ㅁ	① ② ③ ④

55
① 꿈을 계속 가지고 있고 싶다.
② 질서보다 자유를 중요시하는 편이다.
③ 혼자서 취미에 몰두하는 것을 좋아한다.
④ 직관적으로 판단하는 편이다.

ㄱ	① ② ③ ④
ㅁ	① ② ③ ④

56

① 영화나 드라마를 보면 등장인물의 감정에 이입된다.

② 조직에서 사안을 결정할 때 내 의견이 반영되면 행복하다.

③ 다른 사람의 소문에 관심이 없다.

④ 창조적인 편이다.

ㄱ	①	②	③	④
ㅁ	①	②	③	④

57

① 비교적 눈물이 많은 편이다.

② 융통성이 있다고 생각한다.

③ 친구의 휴대폰 번호를 잘 모른다.

④ 스스로 고안하는 것을 좋아한다.

ㄱ	①	②	③	④
ㅁ	①	②	③	④

58

① 정이 두터운 사람으로 남고 싶다.

② 조직의 일원으로 별로 안 어울린다.

③ 세상의 일에 별로 관심이 없다.

④ 변화를 추구하는 편이다.

ㄱ	①	②	③	④
ㅁ	①	②	③	④

59

① 업무는 인간관계로 선택한다.

② 환경이 변하는 것에 구애받지 않는다.

③ 불안감이 강한 편이다.

④ 의사결정을 신속하게 하는 편이다.

ㄱ	①	②	③	④
ㅁ	①	②	③	④

60
① 의지가 약한 편이다.
② 다른 사람이 하는 일에 별로 관심이 없다.
③ 사람을 설득시키는 것은 어렵지 않다.
④ 심심한 것을 못 참는다.

ㄱ	① ② ③ ④
ㅁ	① ② ③ ④

61
① 다른 사람을 욕한 적이 한 번도 없다.
② 다른 사람에게 어떻게 보일지 신경을 쓰지 않는다.
③ 다른 사람과 논쟁할 때 상대의 허점을 잘 찾아낸다.
④ 다른 사람에게 의존하는 경향이 있다.

ㄱ	① ② ③ ④
ㅁ	① ② ③ ④

62
① 그다지 융통성이 있는 편이 아니다.
② 다른 사람이 내 의견에 간섭하는 것이 싫다.
③ 낙천적인 편이다.
④ 숙제를 잊어버린 적이 한 번도 없다.

ㄱ	① ② ③ ④
ㅁ	① ② ③ ④

63
① 시간 약속 어기는 것을 싫어한다.
② 상냥한 편이다.
③ 유치한 면이 있다.
④ 잡담을 하는 것보다 책을 읽는 것이 낫다.

ㄱ	① ② ③ ④
ㅁ	① ② ③ ④

64
① 나는 영업에 적합한 타입이라고 생각한다.
② 술자리에서 술을 마시지 않아도 흥을 돋울 수 있다.
③ 감수성이 풍부하다.
④ 최신 유행하는 정보를 잘 알고 있다.

ㄱ	① ② ③ ④
ㅁ	① ② ③ ④

65
① 금세 무기력해지는 편이다.
② 비교적 고분고분한 편이라고 생각한다.
③ 독자적으로 행동하는 편이다.
④ 적극적으로 행동하는 편이다.

ㄱ	① ② ③ ④
ㅁ	① ② ③ ④

66
① 금방 감격하는 편이다.
② 어떤 것에 대해서는 불만을 가진 적이 없다.
③ 높은 이상을 추구한다.
④ 자주 후회하는 편이다.

ㄱ	① ② ③ ④
ㅁ	① ② ③ ④

67
① 뜨거워지기 쉽고 식기 쉽다.
② 자신만의 세계를 가지고 있다.
③ 많은 사람 앞에서도 긴장하는 일은 없다.
④ 말하는 것을 아주 좋아한다.

ㄱ	① ② ③ ④
ㅁ	① ② ③ ④

68
① 스포츠를 즐긴다.
② 성격에 어두운 면이 있다.
③ 금방 반성한다.
④ 쉬는 날은 주로 집에서 휴식을 취한다.

ㄱ	①	②	③	④
ㅁ	①	②	③	④

69
① 자신을 끈기 있는 사람이라고 생각한다.
② 좋다고 생각하더라도 좀 더 검토하고 나서 실행한다.
③ 무언가에 얽매이는 것을 싫어하는 편이다.
④ 한 번에 많은 일을 떠맡아도 힘들지 않다.

ㄱ	①	②	③	④
ㅁ	①	②	③	④

70
① 시간 약속은 반드시 지킨다.
② 질문을 받으면 충분히 생각하고 나서 대답하는 편이다.
③ 머리를 쓰는 것보다 땀을 흘리는 일이 좋다.
④ 즉흥적으로 여행을 떠나는 편이다.

ㄱ	①	②	③	④
ㅁ	①	②	③	④

71
① 외출 시 문을 잠갔는지 몇 번을 확인한다.
② 이왕 할 거라면 일등이 되고 싶다.
③ 과감하게 도전하는 타입이다.
④ 자신은 사교적이 아니라고 생각한다.

ㄱ	①	②	③	④
ㅁ	①	②	③	④

72
① 내 발전을 위해 항상 노력한다.
② 건강관리에 노력을 기울인다.
③ 단념하면 끝이라고 생각한다.
④ 예상하지 못한 일은 하고 싶지 않다.

ㄱ	① ② ③ ④
ㅁ	① ② ③ ④

73
① 파란만장하더라도 성공하는 인생을 걷고 싶다.
② 활기찬 편이라고 생각한다.
③ 소극적인 편이라고 생각한다.
④ 다른 사람의 행동을 주의 깊게 관찰한다.

ㄱ	① ② ③ ④
ㅁ	① ② ③ ④

74
① 자신은 성급하다고 생각한다.
② 꾸준히 노력하는 타입이라고 생각한다.
③ 내일의 계획이라도 습관적으로 메모한다.
④ 리더십이 있는 사람이 되고 싶다.

ㄱ	① ② ③ ④
ㅁ	① ② ③ ④

75
① 열정적인 사람이라고 생각한다.
② 다른 사람 앞에서 이야기를 잘 하지 못한다.
③ 통찰력이 있는 편이다.
④ 엉덩이가 가벼운 편이다.

ㄱ	① ② ③ ④
ㅁ	① ② ③ ④

76
① 여러 가지로 구애됨이 있다.
② 돌다리도 두들겨 보고 건너는 쪽이 좋다.
③ 자신에게는 권력욕이 있다.
④ 책임감이 강하다.

ㄱ	① ② ③ ④
ㅁ	① ② ③ ④

77
① 사색적인 사람이라고 생각한다.
② 비교적 개혁적이다.
③ 좋고 싫음이 명확하다.
④ 올바르고 도덕적인 사람이고 싶다.

ㄱ	① ② ③ ④
ㅁ	① ② ③ ④

78
① 교제 범위가 좁은 편이다.
② 발상의 전환을 할 수 있는 타입이라고 생각한다.
③ 너무 주관적이어서 실패한다.
④ 현실적이고 실용적인 면을 추구한다.

ㄱ	① ② ③ ④
ㅁ	① ② ③ ④

79
① 내가 어떤 배우의 팬인지 아무도 모른다.
② 현실보다 가능성이다.
③ 마음이 담겨 있으면 어떤 선물이나 좋다.
④ 여행은 마음대로 하는 것이 좋다.

ㄱ	① ② ③ ④
ㅁ	① ② ③ ④

80
① 추상적인 일에 관심이 있는 편이다.
② 일은 대담히 하는 편이다.
③ 괴로워하는 사람을 보면 우선 동정한다.
④ 가치기준이 자주 변한다.

ㄱ	① ② ③ ④
ㅁ	① ② ③ ④

81
① 조용하고 조심스러운 편이다.
② 기발한 아이디어가 많다.
③ 의리, 인정이 두터운 상사를 만나고 싶다.
④ 욕심이 많다.

ㄱ	① ② ③ ④
ㅁ	① ② ③ ④

82
① 이유 없이 불안할 때가 있다.
② 주위 사람의 의견을 생각해서 발언을 자제할 때가 있다.
③ 자존심이 강한 편이다.
④ 생각 없이 함부로 말하는 경우가 많다.

ㄱ	① ② ③ ④
ㅁ	① ② ③ ④

83
① 정리가 되지 않은 방에 있으면 불안하다.
② 거짓말을 한 적이 한 번도 없다.
③ 슬픈 영화나 TV를 보면 자주 운다.
④ 자신을 충분히 신뢰할 수 있다고 생각한다.

ㄱ	① ② ③ ④
ㅁ	① ② ③ ④

84
① 노래방을 아주 좋아한다.
② 자신만이 할 수 있는 일을 하고 싶다.
③ 자신을 과소평가하는 경향이 있다.
④ 책상 위나 서랍 안은 항상 깔끔히 정리한다.

ㄱ	① ② ③ ④
ㅁ	① ② ③ ④

85
① 건성으로 일을 한 적이 있다.
② 남의 험담을 한 적이 없다.
③ 쉽게 화를 낸다는 말을 듣는다.
④ 초조하면 손을 떨고, 심장박동이 빨라진다.

ㄱ	① ② ③ ④
ㅁ	① ② ③ ④

86
① 토론하여 진 적이 한 번도 없다.
② 예술분야에 관심이 많다.
③ 유행에 민감하다.
④ 일처리를 요령있고 센스있게 잘 한다.

ㄱ	① ② ③ ④
ㅁ	① ② ③ ④

87
① 어떤 일을 시작할 때 충분히 고민한다.
② 협력하는 일을 잘 한다.
③ 매일 그날을 반성한다.
④ 나에게 주어진 일 이상을 해낸다.

ㄱ	① ② ③ ④
ㅁ	① ② ③ ④

88 ① 친구들을 재미있게 하는 것을 좋아한다.

② 아침부터 아무것도 하고 싶지 않을 때가 있다.

③ 상황판단이 빠른 편이다.

④ 이 세상에 없는 세계가 존재한다고 생각한다.

ㄱ	① ② ③ ④
ㅁ	① ② ③ ④

89 ① 하기 싫은 것을 하고 있으면 무심코 불만을 말한다.

② 경쟁하는 것은 흥분된다.

③ 규칙을 잘 지킨다.

④ 어떤 일이라도 헤쳐 나가는 데 자신이 있다.

ㄱ	① ② ③ ④
ㅁ	① ② ③ ④

90 ① 착한 사람이라는 말을 들을 때가 많다.

② 자신을 다른 사람보다 뛰어나다고 생각한다.

③ 개성적인 사람이라는 말을 자주 듣는다.

④ 누구와도 편하게 대화할 수 있다.

ㄱ	① ② ③ ④
ㅁ	① ② ③ ④

91 ① 사물에 대해 깊이 생각하는 경향이 있다.

② 계획을 세워서 행동하는 것을 좋아한다.

③ 주변의 일을 성급하게 해결한다.

④ 생각한 일을 행동으로 옮기지 않으면 기분이 찜찜하다.

ㄱ	① ② ③ ④
ㅁ	① ② ③ ④

92
① 목표 달성을 위해서는 온갖 노력을 다한다.
② 경쟁에서 절대로 지고 싶지 않다.
③ 새로운 친구를 곧 사귈 수 있다.
④ 남을 배려하는 편이다.

ㄱ	① ② ③ ④
ㅁ	① ② ③ ④

93
① 기회가 있으면 꼭 얻는 편이다.
② 남들의 이야기를 잘 들어주는 편이다.
③ 남들보다 독특한 생각이 많다.
④ 무슨 일이든지 결과가 중요하다.

ㄱ	① ② ③ ④
ㅁ	① ② ③ ④

94
① 늘 새로운 것에 도전하는 것이 흥미롭다.
② 주변 사람들의 말에 잘 흔들리지 않는다.
③ 건강하고 활발한 사람을 동경한다.
④ 말을 하기보다 주로 듣는 편이다.

ㄱ	① ② ③ ④
ㅁ	① ② ③ ④

95
① 한 우물만 파고 싶다.
② 스트레스를 해소하기 위해 몸을 움직인다.
③ 기한이 정해진 일은 무슨 일이 있어도 끝낸다.
④ 일단 무엇이든지 도전하는 편이다.

ㄱ	① ② ③ ④
ㅁ	① ② ③ ④

96
① 사교성이 있는 편이라고 생각한다.
② 모르는 것이 있어도 행동하면서 생각한다.
③ 약속시간에 여유를 가지고 약간 빨리 나가는 편이다.
④ 한 번 시작한 일은 끝까지 해내는 편이다.

ㄱ	① ② ③ ④
ㅁ	① ② ③ ④

97
① 휴일에는 운동 등으로 몸을 움직일 때가 많다.
② 경제에 관심이 많다.
③ 조금 손해를 보더라도 스스로 책임을 지는 편이다.
④ 친구가 많은 편이다.

ㄱ	① ② ③ ④
ㅁ	① ② ③ ④

98
① 결론이 나면 신속히 행동으로 옮겨진다.
② 앞으로의 일을 예상치 못하면 불안하다.
③ 꾸준히 계속해서 노력하는 편이다.
④ 여기저기 뛰어다니는 일이 즐겁다.

ㄱ	① ② ③ ④
ㅁ	① ② ③ ④

99
① 성공에 대한 열망이 강하다.
② 내일해도 되는 일을 오늘 안에 끝내는 편이다.
③ 많은 친구랑 사귀는 편이다.
④ 직감을 중요하게 여기는 편이다.

ㄱ	① ② ③ ④
ㅁ	① ② ③ ④

100
① 정이 두터운 사람을 좋아한다.
② 성격이 차분하고 꼼꼼한 편이다.
③ 다른 사람들의 의견을 잘 조율한다.
④ 공상적인 편이다.

ㄱ	① ② ③ ④
ㅁ	① ② ③ ④

PART

V

면접

01 면접의 기본

02 면접기출

01 면접의 기본

1 면접준비

(1) 면접의 기본 원칙

① **면접의 의미** … 면접이란 다양한 면접기법을 활용하여 지원한 직무에 필요한 능력을 지원자가 보유하고 있는지를 확인하는 절차라고 할 수 있다. 즉, 지원자의 입장에서는 채용 직무수행에 필요한 요건들과 관련하여 자신의 환경, 경험, 관심사, 성취 등에 대해 기업에 직접 어필할 수 있는 기회를 제공받는 것이며, 기업의 입장에서는 서류전형만으로 알 수 없는 지원자에 대한 정보를 직접적으로 수집하고 평가하는 것이다.

② **면접의 특징** … 면접은 기업의 입장에서 서류전형이나 필기전형에서 드러나지 않는 지원자의 능력이나 성향을 볼 수 있는 기회로, 면대면으로 이루어지며 즉흥적인 질문들이 포함될 수 있기 때문에 지원자가 완벽하게 준비하기 어려운 부분이 있다. 하지만 지원자 입장에서도 서류전형이나 필기전형에서 모두 보여주지 못한 자신의 능력 등을 기업의 인사담당자에게 어필할 수 있는 추가적인 기회가 될 수도 있다.

[서류 · 필기전형과 차별화되는 면접의 특징]

- 직무수행과 관련된 다양한 지원자 행동에 대한 관찰이 가능하다.
- 면접관이 알고자 하는 정보를 심층적으로 파악할 수 있다.
- 서류상의 미비한 사항과 의심스러운 부분을 확인할 수 있다.
- 커뮤니케이션 능력, 대인관계 능력 등 행동 · 언어적 정보도 얻을 수 있다.

③ **면접의 유형**

 ㉠ **구조화 면접**: 구조화 면접은 사전에 계획을 세워 질문의 내용과 방법, 지원자의 답변 유형에 따른 추가 질문과 그에 대한 평가 역량이 정해져 있는 면접 방식으로 표준화 면접이라고도 한다.

 - 표준화된 질문이나 평가요소가 면접 전 확정되며, 지원자는 편성된 조나 면접관에 영향을 받지 않고 동일한 질문과 시간을 부여받을 수 있다.

- 조직 또는 직무별로 주요하게 도출된 역량을 기반으로 평가요소가 구성되어, 조직 또는 직무에서 필요한 역량을 가진 지원자를 선발할 수 있다.
- 표준화된 형식을 사용하는 특성 때문에 비구조화 면접에 비해 신뢰성과 타당성, 객관성이 높다.

 ⓛ 비구조화 면접 : 비구조화 면접은 면접 계획을 세울 때 면접 목적만을 명시하고 내용이나 방법은 면접관에게 전적으로 일임하는 방식으로 비표준화 면접이라고도 한다.

- 표준화된 질문이나 평가요소 없이 면접이 진행되며, 편성된 조나 면접관에 따라 지원자에게 주어지는 질문이나 시간이 다르다.
- 면접관의 주관적인 판단에 따라 평가가 이루어져 평가 오류가 빈번히 일어난다.
- 상황 대처나 언변이 뛰어난 지원자에게 유리한 면접이 될 수 있다.

④ 경쟁력 있는 면접 요령

 ㉠ 면접 전에 준비하고 유념할 사항

- 예상 질문과 답변을 미리 작성한다.
- 작성한 내용을 문장으로 외우지 않고 키워드로 기억한다.
- 지원한 회사의 최근 기사를 검색하여 기억한다.
- 지원한 회사가 속한 산업군의 최근 기사를 검색하여 기억한다.
- 면접 전 1주일간 이슈가 되는 뉴스를 기억하고 자신의 생각을 반영하여 정리한다.
- 찬반토론에 대비한 주제를 목록으로 정리하여 자신의 논리를 내세운 예상답변을 작성한다.

 ㉡ 면접장에서 유념할 사항

- 질문의 의도 파악 : 답변을 할 때에는 질문 의도를 파악하고 그에 충실한 답변이 될 수 있도록 질문사항을 유념해야 한다. 많은 지원자가 하는 실수 중 하나로 답변을 하는 도중 자기 말에 심취되어 질문의 의도와 다른 답변을 하거나 자신이 알고 있는 지식만을 나열하는 경우가 있는데, 이럴 경우 의사소통능력이 부족한 사람으로 인식될 수 있으므로 주의하도록 한다.
- 답변은 두괄식 : 답변을 할 때에는 두괄식으로 결론을 먼저 말하고 그 이유를 설명하는 것이 좋다. 미괄식으로 답변을 할 경우 용두사미의 답변이 될 가능성이 높으며, 결론을 이끌어 내는 과정에서 논리성이 결여될 우려가 있다. 또한 면접관이 결론을 듣기 전에 말을 끊고 다른 질문을 추가하는 예상치 못한 상황이 발생될 수 있으므로 답변은 자신이 전달하고자 하는 바를 먼저 밝히고 그에 대한 설명을 하는 것이 좋다.

- 지원한 회사의 기업정신과 인재상을 기억 : 답변을 할 때에는 회사가 원하는 인재라는 인상을 심어주기 위해 지원한 회사의 기업정신과 인재상 등을 염두에 두고 답변을 하는 것이 좋다. 모든 회사에 해당되는 두루뭉술한 답변보다는 지원한 회사에 맞는 맞춤형 답변을 하는 것이 좋다.
- 나보다는 회사와 사회적 관점에서 답변 : 답변을 할 때에는 자기중심적인 관점을 피하고 좀 더 넓은 시각으로 회사와 국가, 사회적 입장까지 고려하는 인재임을 어필하는 것이 좋다. 자기중심적 시각을 바탕으로 자신의 출세만을 위해 회사에 입사하려는 인상을 심어줄 경우 면접에서 불이익을 받을 가능성이 높다.
- 난처한 질문은 정직한 답변 : 난처한 질문에 답변을 해야 할 때에는 피하기보다는 정면돌파로 정직하고 솔직하게 답변하는 것이 좋다. 난처한 부분을 감추고 드러내지 않으려 회피하려는 지원자의 모습은 인사담당자에게 입사 후에도 비슷한 상황에 처했을 때 회피할 수도 있다는 우려를 심어줄 수 있다. 따라서 직장생활에 있어 중요한 덕목 중 하나인 정직을 바탕으로 솔직하게 답변을 하도록 한다.

(2) 면접의 종류 및 준비 전략

① 인성면접

ⓧ 면접 방식 및 판단기준
- 면접 방식 : 인성면접은 면접관이 가지고 있는 개인적 면접 노하우나 관심사에 의해 질문을 실시한다. 주로 입사지원서나 자기소개서의 내용을 토대로 지원동기, 과거의 경험, 미래 포부 등을 이야기하도록 하는 방식이다.
- 판단기준 : 면접관의 개인적 가치관과 경험, 해당 역량의 수준, 경험의 구체성·진실성 등

ⓛ 특징 : 인성면접은 그 방식으로 인해 역량과 무관한 질문들이 많고 지원자에게 주어지는 면접질문, 시간 등이 다를 수 있다. 또한 입사지원서나 자기소개서의 내용을 토대로 하기 때문에 지원자별 질문이 달라질 수 있다.

ⓒ 예시 문항 및 준비전략

• 예시 문항

> • 3분 동안 자기소개를 해 보십시오.
> • 자신의 장점과 단점을 말해 보십시오.
> • 학점이 좋지 않은데 그 이유가 무엇입니까?
> • 최근에 인상 깊게 읽은 책은 무엇입니까?
> • 회사를 선택할 때 중요시하는 것은 무엇입니까?
> • 일과 개인생활 중 어느 쪽을 중시합니까?
> • 10년 후 자신은 어떤 모습일 것이라고 생각합니까?
> • 휴학 기간 동안에는 무엇을 했습니까?

• 준비전략 : 인성면접은 입사지원서나 자기소개서의 내용을 바탕으로 하는 경우가 많으므로 자신이 작성한 입사지원서와 자기소개서의 내용을 충분히 숙지하도록 한다. 또한 최근 사회적으로 이슈가 되고 있는 뉴스에 대한 견해를 묻거나 시사상식 등에 대한 질문을 받을 수 있으므로 이에 대한 대비도 필요하다. 자칫 부담스러워 보이지 않는 질문으로 가볍게 대답하지 않도록 주의하고 모든 질문에 입사 의지를 담아 성실하게 답변하는 것이 중요하다.

② 발표면접

㉠ 면접 방식 및 판단기준

• 면접 방식 : 지원자가 특정 주제와 관련된 자료를 검토하고 그에 대한 자신의 생각을 면접관 앞에서 주어진 시간 동안 발표하고 추가 질의를 받는 방식으로 진행된다.
• 판단기준 : 지원자의 사고력, 논리력, 문제해결력 등

㉡ 특징 : 발표면접은 지원자에게 과제를 부여한 후, 과제를 수행하는 과정과 결과를 관찰·평가한다. 따라서 과제수행 결과뿐 아니라 수행과정에서의 행동을 모두 평가할 수 있다.

ⓒ 예시 문항 및 준비전략

• 예시 문항

[신입사원 조기 이직 문제]

※ 지원자는 아래에 제시된 자료를 검토한 뒤, 신입사원 조기 이직의 원인을 크게 3가지로 정리하고 이에 대한 구체적인 개선안을 도출하여 발표해 주시기 바랍니다.

※ 본 과제에 정해진 정답은 없으나 논리적 근거를 들어 개선안을 작성해 주십시오.

• A기업은 동종업계 유사기업들과 비교해 볼 때, 비교적 높은 재무안정성을 유지하고 있으며 업무강도가 그리 높지 않은 것으로 외부에 알려져 있음.

• 최근 조사결과, 동종업계 유사기업들과 연봉을 비교해 보았을 때 연봉 수준도 그리 나쁘지 않은 편이라는 것이 확인되었음.

• 그러나 지난 3년간 1~2년차 직원들의 이직률이 계속해서 증가하고 있는 추세이며, 경영진 회의에서 최우선 해결과제 중 하나로 거론되었음.

• 이에 따라 인사팀에서 현재 1~2년차 사원들을 대상으로 개선되어야 하는 A기업의 조직문화에 대한 설문조사를 실시한 결과, '상명하복식의 의사소통'이 36.7%로 1위를 차지했음.

• 이러한 설문조사와 함께, 신입사원 조기 이직에 대한 원인을 분석한 결과 파랑새 증후군, 셀프홀릭 증후군, 피터팬 증후군 등 3가지로 분류할 수 있었음.

〈동종업계 유사기업들과의 연봉 비교〉   〈우리 회사 조직문화 중 개선되었으면 하는 것〉

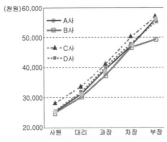

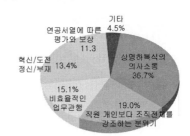

〈신입사원 조기 이직의 원인〉

• 파랑새 증후군
- 현재의 직장보다 더 좋은 직장이 있을 것이라는 막연한 기대감으로 끊임없이 새로운 직장을 탐색함.
- 학력 수준과 맞지 않는 '하향지원', 전공과 적성을 고려하지 않고 일단 취업하고 보자는 '묻지마 지원'이 파랑새 증후군을 초래함.

• 셀프홀릭 증후군
- 본인의 역량에 비해 가치가 낮은 일을 주로 하면서 갈등을 느낌.

• 피터팬 증후군
- 기성세대의 문화를 무조건 수용하기보다는 자유로움과 변화를 추구함.
- 상명하복, 엄격한 규율 등 기성세대가 당연시하는 관행에 거부감을 가지며 직장에 답답함을 느낌.

- 준비전략 : 발표면접의 시작은 과제 안내문과 과제 상황, 과제 자료 등을 정확하게 이해하는 것에서 출발한다. 과제 안내문을 침착하게 읽고 제시된 주제 및 문제와 관련된 상황의 맥락을 파악한 후 과제를 검토한다. 제시된 기사나 그래프 등을 충분히 활용하여 주어진 문제를 해결할 수 있는 해결책이나 대안을 제시하며, 발표를 할 때에는 명확하고 자신 있는 태도로 전달할 수 있도록 한다.

③ 토론면접

　㉠ 면접 방식 및 판단기준

　　- 면접 방식 : 상호갈등적 요소를 가진 과제 또는 공통의 과제를 해결하는 내용의 토론 과제를 제시하고, 그 과정에서 개인 간의 상호작용 행동을 관찰하는 방식으로 면접이 진행된다.

　　- 판단기준 : 팀워크, 적극성, 갈등 조정, 의사소통능력, 문제해결능력 등

　㉡ 특징 : 토론을 통해 도출해 낸 최종안의 타당성도 중요하지만, 결론을 도출해 내는 과정에서의 의사소통능력이나 갈등상황에서 의견을 조정하는 능력 등이 중요하게 평가되는 특징이 있다.

　㉢ 예시 문항 및 준비전략

　　- 예시 문항

- 군 가산점제 부활에 대한 찬반토론
- 담뱃값 인상에 대한 찬반토론
- 비정규직 철폐에 대한 찬반토론
- 대학의 영어 강의 확대 찬반토론
- 워크숍 장소 선정을 위한 토론

　　- 준비전략 : 토론면접은 무엇보다 팀워크와 적극성이 강조된다. 따라서 토론과정에 적극적으로 참여하며 자신의 의사를 분명하게 전달하며, 갈등상황에서 자신의 의견만 내세울 것이 아니라 다른 지원자의 의견을 경청하고 배려하는 모습도 중요하다. 갈등상황을 일목요연하게 정리하여 조정하는 등의 의사소통능력을 발휘하는 것도 좋은 전략이 될 수 있다.

④ 상황면접

　㉠ 면접 방식 및 판단기준

　　- 면접 방식 : 상황면접은 직무 수행 시 접할 수 있는 상황들을 제시하고, 그러한 상황에서 어떻게 행동할 것인지를 이야기하는 방식으로 진행된다.

　　- 판단기준 : 해당 상황에 적절한 역량의 구현과 구체적 행동지표

ⓒ 특징 : 실제 직무 수행 시 접할 수 있는 상황들을 제시하므로 입사 이후 지원자의 업무 수행능력을 평가하는 데 적절한 면접 방식이다. 또한 지원자의 가치관, 태도, 사고방식 등의 요소를 통합적으로 평가하는 데 용이하다.

ⓒ 예시 문항 및 준비전략

• 예시 문항

> 당신은 생산관리팀의 팀원으로, 생산팀이 기한에 맞춰 효율적으로 제품을 생산할 수 있도록 관리하는 역할을 맡고 있습니다. 3개월 뒤에 제품A를 정상적으로 출시하기 위해 생산팀의 생산 계획을 수립한 상황입니다. 그러나 원가가 곧 실적으로 이어지는 구매팀에서는 최대한 원가를 줄여 전반적 단가를 낮추려고 원가절감을 위한 제안을 하였으나, 연구개발팀에서는 구매팀이 제안한 방식으로 제품을 생산할 경우 대부분이 구매팀의 실적으로 산정될 것이므로 제대로 확인도 해보지 않은 채 적합하지 않은 방식이라고 판단하고 있습니다. 당신은 어떻게 하겠습니까?

• 준비전략 : 상황면접은 먼저 주어진 상황에서 핵심이 되는 문제가 무엇인지를 파악하는 것에서 시작한다. 주질문과 세부질문을 통하여 질문의 의도를 파악하였다면, 그에 대한 구체적인 행동이나 생각 등에 대해 응답할수록 높은 점수를 얻을 수 있다.

⑤ 역할면접

ⓒ 면접 방식 및 판단기준

• 면접 방식 : 역할면접 또는 역할연기 면접은 기업 내 발생 가능한 상황에서 부딪히게 되는 문제와 역할을 가상적으로 설정하여 특정 역할을 맡은 사람과 상호작용하고 문제를 해결해 나가도록 하는 방식으로 진행된다. 역할연기 면접에서는 면접관이 직접 역할연기를 하면서 지원자를 관찰하기도 하지만, 역할연기 수행만 전문적으로 하는 사람을 투입할 수도 있다.

• 판단기준 : 대처능력, 대인관계능력, 의사소통능력 등

ⓒ 특징 : 역할면접은 실제 상황과 유사한 가상 상황에서의 행동을 관찰함으로서 지원자의 성격이나 대처 행동 등을 관찰할 수 있다.

ⓒ 예시 문항 및 준비전략

• 예시 문항

> [금융권 역할면접의 예]
> 당신은 ○○은행의 신입 텔러이다. 사람이 많은 월말 오전 한 할아버지(면접관 또는 역할담당자)께서 ○○은행을 사칭한 보이스피싱으로 500만 원을 피해 보았다며 소란을 일으키고 있다. 실제 업무상황이라고 생각하고 상황에 대처해 보시오.

• 준비전략 : 역할연기 면접에서 측정하는 역량은 주로 갈등의 원인이 되는 문제를 해결하고 제시된 해결방안을 상대방에게 설득하는 것이다. 따라서 갈등해결, 문제해결, 조정·통합, 설득력과 같은 역량이 중요시된다. 또한 갈등을 해결하기 위해서 상대방에 대한 이해도 필수적인 요소이므로 고객 지향을 염두에 두고 상황에 맞게 대처해야 한다. 역할면접에서는 변별력을 높이기 위해 면접관이 압박적인 분위기를 조성하는 경우가 많기 때문에 스트레스 상황에서 불안해하지 않고 유연하게 대처할 수 있도록 시간과 노력을 들여 충분히 연습하는 것이 좋다.

2 면접 이미지 메이킹

(1) 성공적인 이미지 메이킹 포인트

① 복장 및 스타일
  ㉠ 남성

• 양복 : 양복은 단색으로 하며 넥타이나 셔츠로 포인트를 주는 것이 효과적이다. 짙은 회색이나 감청색이 가장 단정하고 품위 있는 인상을 준다.
• 셔츠 : 흰색이 가장 선호되나 자신의 피부색에 맞추는 것이 좋다. 푸른색이나 베이지색은 산뜻한 느낌을 줄 수 있다. 양복과의 배색도 고려하도록 한다.
• 넥타이 : 의상에 포인트를 줄 수 있는 아이템이지만 너무 화려한 것은 피한다. 지원자의 피부색은 물론, 정장과 셔츠의 색을 고려하며, 체격에 따라 넥타이 폭을 조절하는 것이 좋다.
• 구두 & 양말 : 구두는 검정색이나 짙은 갈색이 어느 양복에나 무난하게 어울리며 깔끔하게 닦아 준비한다. 양말은 정장과 동일한 색상이나 검정색을 착용한다.
• 헤어스타일 : 머리스타일은 단정한 느낌을 주는 짧은 헤어스타일이 좋으며 앞머리가 있다면 이마나 눈썹을 가리지 않는 선에서 정리하는 것이 좋다.

ⓛ 여성

- 의상 : 단정한 스커트 투피스 정장이나 슬랙스 슈트가 무난하다. 블랙이나 그레이, 네이비, 브라운 등 차분해 보이는 색상을 선택하는 것이 좋다.
- 소품 : 구두, 핸드백 등은 같은 계열로 코디하는 것이 좋으며 구두는 너무 화려한 디자인이나 굽이 높은 것을 피한다. 스타킹은 의상과 구두에 맞춰 단정한 것으로 선택한다.
- 액세서리 : 액세서리는 너무 크거나 화려한 것은 좋지 않으며 과하게 많이 하는 것도 좋은 인상을 주지 못한다. 착용하지 않거나 작고 깔끔한 디자인으로 포인트를 주는 정도가 적당하다.
- 메이크업 : 화장은 자연스럽고 밝은 이미지를 표현하는 것이 좋으며 진한 색조는 인상이 강해 보일 수 있으므로 피한다.
- 헤어스타일 : 커트나 단발처럼 짧은 머리는 활동적이면서도 단정한 이미지를 줄 수 있도록 정리한다. 긴 머리의 경우 하나로 묶거나 단정한 머리망으로 정리하는 것이 좋으며, 짙은 염색이나 화려한 웨이브는 피한다.

② 인사

ⓐ 인사의 의미 : 인사는 예의범절의 기본이며 상대방의 마음을 여는 기본적인 행동이라고 할 수 있다. 인사는 처음 만나는 면접관에게 호감을 살 수 있는 가장 쉬운 방법이 될 수 있기도 하지만 제대로 예의를 지키지 않으면 지원자의 인성 전반에 대한 평가로 이어질 수 있으므로 각별히 주의해야 한다.

ⓑ 인사의 핵심 포인트

- 인사말 : 인사말을 할 때에는 밝고 친근감 있는 목소리로 하며, 자신의 이름과 수험번호 등을 간략하게 소개한다.
- 시선 : 인사는 상대방의 눈을 보며 하는 것이 중요하며 너무 빤히 쳐다본다는 느낌이 들지 않도록 주의한다.
- 표정 : 인사는 마음에서 우러나오는 존경이나 반가움을 표현하고 예의를 차리는 것이므로 살짝 미소를 지으며 하는 것이 좋다.
- 자세 : 인사를 할 때에는 가볍게 목만 숙인다거나 흐트러진 상태에서 인사를 하지 않도록 주의하며 절도 있고 확실하게 하는 것이 좋다.

③ 시선처리와 표정, 목소리

　㉠ 시선처리와 표정 : 표정은 면접에서 지원자의 첫인상을 결정하는 중요한 요소이다. 얼굴 표정은 사람의 감정을 가장 잘 표현할 수 있는 의사소통 도구로 표정 하나로 상대방에게 호감을 주거나, 비호감을 사기도 한다. 호감이 가는 인상의 특징은 부드러운 눈썹, 자연스러운 미간, 적당히 볼록한 광대, 올라간 입 꼬리 등으로 가볍게 미소를 지을 때의 표정과 일치한다. 따라서 면접 중에는 밝은 표정으로 미소를 지어 호감을 형성할 수 있도록 한다. 시선은 면접관과 고르게 맞추되 생기 있는 눈빛을 띄도록 하며, 너무 빤히 쳐다본다는 인상을 주지 않도록 한다.

　㉡ 목소리 : 면접은 주로 면접관과 지원자의 대화로 이루어지므로 목소리가 미치는 영향이 상당하다. 답변을 할 때에는 부드러우면서도 활기차고 생동감 있는 목소리로 하는 것이 면접관에게 호감을 줄 수 있으며 적당한 제스처가 더해진다면 상승효과를 얻을 수 있다. 그러나 적절한 답변을 하였음에도 불구하고 콧소리나 날카로운 목소리, 자신감 없는 작은 목소리는 답변의 신뢰성을 떨어뜨릴 수 있으므로 주의하도록 한다.

④ 자세

　㉠ 걷는 자세
　　• 면접장에 입실할 때에는 상체를 곧게 유지하고 발끝은 평행이 되게 하며 무릎을 스치듯 11자로 걷는다.
　　• 시선은 정면을 향하고 턱은 가볍게 당기며 어깨나 엉덩이가 흔들리지 않도록 주의한다.
　　• 발바닥 전체가 닿는 느낌으로 안정감 있게 걸으며 발소리가 나지 않도록 주의한다.
　　• 보폭은 어깨넓이만큼이 적당하지만, 스커트를 착용했을 경우 보폭을 줄인다.
　　• 걸을 때도 미소를 유지한다.

　㉡ 서있는 자세
　　• 몸 전체를 곧게 펴고 가슴을 자연스럽게 내민 후 등과 어깨에 힘을 주지 않는다.
　　• 정면을 바라본 상태에서 턱을 약간 당기고 아랫배에 힘을 주어 당기며 바르게 선다.
　　• 양 무릎과 발뒤꿈치는 붙이고 발끝은 11자 또는 V형을 취한다.
　　• 남성의 경우 팔을 자연스럽게 내리고 양손을 가볍게 쥐어 바지 옆선에 붙이고, 여성의 경우 공수자세를 유지한다.

ⓒ 앉은 자세

• 남성

> • 의자 깊숙이 앉고 등받이와 등 사이에 주먹 1개 정도의 간격을 두며 기대듯 앉지 않도록 주의한다. (남녀 공통 사항)
> • 무릎 사이에 주먹 2개 정도의 간격을 유지하고 발끝은 11자를 취한다.
> • 시선은 정면을 바라보며 턱은 가볍게 당기고 미소를 짓는다. (남녀 공통 사항)
> • 양손은 가볍게 주먹을 쥐고 무릎 위에 올려놓는다.
> • 앉고 일어날 때에는 자세가 흐트러지지 않도록 주의한다. (남녀 공통 사항)

• 여성

> • 스커트를 입었을 경우 왼손으로 뒤쪽 스커트 자락을 누르고 오른손으로 앞쪽 자락을 누르며 의자에 앉는다.
> • 무릎은 붙이고 발끝을 가지런히 한다.
> • 양손을 모아 무릎 위에 모아 놓으며 스커트를 입었을 경우 스커트 위를 가볍게 누르듯이 올려놓는다.

(2) 면접 예절

① 행동 관련 예절

ⓐ **지각은 절대금물** : 시간을 지키는 것은 예절의 기본이다. 지각을 할 경우 면접에 응시할 수 없거나, 면접 기회가 주어지더라도 불이익을 받을 가능성이 높아진다. 따라서 면접 장소가 결정되면 교통편과 소요시간을 확인하고 가능하다면 사전에 미리 방문해 보는 것도 좋다. 면접 당일에는 서둘러 출발하여 면접 시간 20~30분 전에 도착하여 회사를 둘러보고 환경에 익숙해지는 것도 성공적인 면접을 위한 요령이 될 수 있다.

ⓑ **면접 대기 시간** : 지원자들은 대부분 면접장에서의 행동과 답변 등으로만 평가를 받는다고 생각하지만 그렇지 않다. 면접관이 아닌 면접진행자 역시 대부분 인사실무자이며 면접관이 면접 후 지원자에 대한 평가에 있어 확신을 위해 면접진행자의 의견을 구한다면 면접진행자의 의견이 당락에 영향을 줄 수 있다. 따라서 면접 대기 시간에도 행동과 말을 조심해야 하며, 면접을 마치고 돌아가는 순간까지도 긴장을 늦춰서는 안 된다. 면접 중 압박적인 질문에 답변을 잘 했지만, 면접장을 나와 흐트러진 모습을 보이거나 욕설을 한다면 면접 탈락의 요인이 될 수 있으므로 주의해야 한다.

ⓒ 입실 후 태도 : 본인의 차례가 되어 호명되면 또렷하게 대답하고 들어간다. 만약 면접장 문이 닫혀 있다면 상대에게 소리가 들릴 수 있을 정도로 노크를 두세 번 한 후 대답을 듣고 나서 들어가야 한다. 문을 여닫을 때에는 소리가 나지 않게 조용히 하며 공손한 자세로 인사한 후 성명과 수험번호를 말하고 면접관의 지시에 따라 자리에 앉는다. 이 경우 착석하라는 말이 없는데 먼저 의자에 앉으면 무례한 사람으로 보일 수 있으므로 주의한다. 의자에 앉을 때에는 끝에 앉지 말고 무릎 위에 양손을 가지런히 얹는 것이 예절이라고 할 수 있다.

ⓔ 옷매무새를 자주 고치지 마라. : 일부 지원자의 경우 옷매무새 또는 헤어스타일을 자주 고치거나 확인하기도 하는데 이러한 모습은 과도하게 긴장한 것 같아 보이거나 면접에 집중하지 못하는 것으로 보일 수 있다. 남성 지원자의 경우 넥타이를 자꾸 고쳐 맨다거나 정장 상의 끝을 너무 자주 만지작거리지 않는다. 여성 지원자는 머리를 계속 쓸어 올리지 않고, 특히 짧은 치마를 입고서 신경이 쓰여 치마를 끌어 내리는 행동은 좋지 않다.

ⓜ 다리를 떨거나 산만한 시선은 면접 탈락의 지름길 : 자신도 모르게 다리를 떨거나 손가락을 만지는 등의 행동을 하는 지원자가 있는데, 이는 면접관의 주의를 끌 뿐만 아니라 불안하고 산만한 사람이라는 느낌을 주게 된다. 따라서 가능한 한 바른 자세로 앉아 있는 것이 좋다. 또한 면접관과 시선을 맞추지 못하고 여기저기 둘러보는 듯한 산만한 시선은 지원자가 거짓말을 하고 있다고 여겨지거나 신뢰할 수 없는 사람이라고 생각될 수 있다.

② 답변 관련 예절

ⓐ 면접관이나 다른 지원자와 가치 논쟁을 하지 않는다. : 질문을 받고 답변하는 과정에서 면접관 또는 다른 지원자의 의견과 다른 의견이 있을 수 있다. 특히 평소 지원자가 관심이 많은 문제이거나 잘 알고 있는 문제인 경우 자신과 다른 의견에 대해 이의가 있을 수 있다. 하지만 주의할 것은 면접에서 면접관이나 다른 지원자와 가치 논쟁을 할 필요는 없다는 것이며 오히려 불이익을 당할 수도 있다. 정답이 정해져 있지 않은 경우에는 가치관이나 성장배경에 따라 문제를 받아들이는 태도에서 답변까지 충분히 차이가 있을 수 있으므로 굳이 면접관이나 다른 지원자의 가치관을 지적하고 고치려 드는 것은 좋지 않다.

ⓛ 답변은 항상 정직해야 한다. : 면접이라는 것이 아무리 지원자의 장점을 부각시키고 단점을 축소시키는 것이라고 해도 절대로 거짓말을 해서는 안 된다. 거짓말을 하게 되면 지원자는 불안하거나 꺼림칙한 마음이 들게 되어 면접에 집중을 하지 못하게 되고 수많은 지원자를 상대하는 면접관은 그것을 놓치지 않는다. 거짓말은 그 지원자에 대한 신뢰성을 떨어뜨리며 이로 인해 다른 스펙이 아무리 훌륭하다고 해도 채용에서 탈락하게 될 수 있음을 명심하도록 한다.

ⓒ 경력직을 경우 전 직장에 대해 험담하지 않는다. : 지원자가 전 직장에서 무슨 업무를 담당했고 어떤 성과를 올렸는지는 면접관이 관심을 둘 사항일 수 있지만, 이전 직장의 기업문화나 상사들이 어땠는지는 그다지 궁금해 하는 사항이 아니다. 전 직장에 대해 험담을 늘어놓는다든가, 동료와 상사에 대한 악담을 하게 된다면 오히려 지원자에 대한 부정적인 이미지만 심어줄 수 있다. 만약 전 직장에 대한 말을 해야 할 경우가 생긴다면 가능한 한 객관적으로 이야기하는 것이 좋다.

ⓔ 자기 자신이나 배경에 대해 자랑하지 않는다. : 자신의 성취나 부모 형제 등 집안사람들이 사회·경제적으로 어떠한 위치에 있는지에 대한 자랑은 면접관으로 하여금 지원자에 대해 오만한 사람이거나 배경에 의존하려는 나약한 사람이라는 이미지를 갖게 할 수 있다. 따라서 자기 자신이나 배경에 대해 자랑하지 않도록 하고, 자신이 한 일에 대해서 너무 자세하게 얘기하지 않도록 주의해야 한다.

3 면접 질문 및 답변 포인트

(1) 가족 및 대인관계에 관한 질문

① 당신의 가정은 어떤 가정입니까?
면접관들은 지원자의 가정환경과 성장과정을 통해 지원자의 성향을 알고 싶어 이와 같은 질문을 한다. 비록 가정 일과 사회의 일이 완전히 일치하는 것은 아니지만 '가화만사성'이라는 말이 있듯이 가정이 화목해야 사회에서도 화목하게 지낼 수 있기 때문이다. 그러므로 답변 시에는 가족사항을 정확하게 설명하고 집안의 분위기와 특징에 대해 이야기하는 것이 좋다.

② 친구 관계에 대해 말해 보십시오.

지원자의 인간성을 판단하는 질문으로 교우관계를 통해 답변자의 성격과 대인관계능력을 파악할 수 있다. 새로운 환경에 적응을 잘하여 새로운 친구들이 많은 것도 좋지만, 깊고 오래 지속되어온 인간관계를 말하는 것이 더욱 바람직하다.

(2) 성격 및 가치관에 관한 질문

① 당신의 PR포인트를 말해 주십시오.

PR포인트를 말할 때에는 지나치게 겸손한 태도는 좋지 않으며 적극적으로 자기를 주장하는 것이 좋다. 앞으로 입사 후 하게 될 업무와 관련된 자기의 특성을 구체적인 일화를 더하여 이야기하도록 한다.

② 당신의 장 · 단점을 말해 보십시오.

지원자의 구체적인 장 · 단점을 알고자 하기 보다는 지원자가 자기 자신에 대해 얼마나 알고 있으며 어느 정도의 객관적인 분석을 하고 있나, 그리고 개선의 노력 등을 시도하는지를 파악하고자 하는 것이다. 따라서 장점을 말할 때는 업무와 관련된 장점을 뒷받침할 수 있는 근거와 함께 제시하며, 단점을 이야기할 때에는 극복을 위한 노력을 반드시 포함해야 한다.

③ 가장 존경하는 사람은 누구입니까?

존경하는 사람을 말하기 위해서는 우선 그 인물에 대해 알아야 한다. 잘 모르는 인물에 대해 존경한다고 말하는 것은 면접관에게 바로 지적당할 수 있으므로, 추상적이라도 좋으니 평소에 존경스럽다고 생각했던 사람에 대해 그 사람의 어떤 점이 좋고 존경스러운지 대답하도록 한다. 또한 자신에게 어떤 영향을 미쳤는지도 언급하면 좋다.

(3) 학교생활에 관한 질문

① 지금까지의 학교생활 중 가장 기억에 남는 일은 무엇입니까?

가급적 직장생활에 도움이 되는 경험을 이야기하는 것이 좋다. 또한 경험만을 간단하게 말하지 말고 그 경험을 통해서 얻을 수 있었던 교훈 등을 예시와 함께 이야기하는 것이 좋으나 너무 상투적인 답변이 되지 않도록 주의해야 한다.

② 성적은 좋은 편이었습니까?

면접관은 이미 서류심사를 통해 지원자의 성적을 알고 있다. 그럼에도 불구하고 이 질문을 하는 것은 지원자가 성적에 대해서 어떻게 인식하느냐를 알고자 하는 것이다. 성적이 나빴던 이유에 대해서 변명하려 하지 말고 담백하게 받아드리고 그것에 대한 개선노력을 했음을 밝히는 것이 적절하다.

③ 학창시절에 시위나 집회 등에 참여한 경험이 있습니까?

기업에서는 노사분규를 기업의 사활이 걸린 중대한 문제로 인식하고 거시적인 차원에서 접근한다. 이러한 기업문화를 제대로 인식하지 못하여 학창시절의 시위나 집회 참여 경험을 자랑스럽게 답변할 경우 감점요인이 되거나 심지어는 탈락할 수 있다는 사실에 주의한다. 시위나 집회에 참가한 경험을 말할 때에는 타당성과 정도에 유의하여 답변해야 한다.

(4) 지원동기 및 직업의식에 관한 질문

① 왜 우리 회사를 지원했습니까?

이 질문은 어느 회사나 가장 먼저 물어보고 싶은 것으로 지원자들은 기업의 이념, 대표의 경영능력, 재무구조, 복리후생 등 외적인 부분을 설명하는 경우가 많다. 이러한 답변도 적절하지만 지원 회사의 주력 상품에 관한 소비자의 인지도, 경쟁사 제품과의 시장점유율을 비교하면서 입사동기를 설명한다면 상당히 주목 받을 수 있을 것이다.

② 만약 이번 채용에 불합격하면 어떻게 하겠습니까?

불합격할 것을 가정하고 회사에 응시하는 지원자는 거의 없을 것이다. 이는 지원자를 궁지로 몰아넣고 어떻게 대응하는지를 살펴보며 입사 의지를 알아보려고 하는 것이다. 이 질문은 너무 깊이 들어가지 말고 침착하게 답변하는 것이 좋다.

③ 당신이 생각하는 바람직한 사원상은 무엇입니까?

직장인으로서 또는 조직의 일원으로서의 자세를 묻는 질문으로 지원하는 회사에서 어떤 인재상을 요구하는 가를 알아두는 것이 좋으며, 평소에 자신의 생각을 미리 정리해 두어 당황하지 않도록 한다.

④ 직무상의 적성과 보수의 많음 중 어느 것을 택하겠습니까?

이런 질문에서 회사 측에서 원하는 답변은 당연히 직무상의 적성에 비중을 둔다는 것이다. 그러나 적성만을 너무 강조하다 보면 오히려 솔직하지 못하다는 인상을 줄 수 있으므로 어느 한 쪽을 너무 강조하거나 경시하는 태도는 바람직하지 못하다.

⑤ 상사와 의견이 다를 때 어떻게 하겠습니까?

과거와 다르게 최근에는 상사의 명령에 무조건 따르겠다는 수동적인 자세는 바람직하지 않다. 회사에서는 때에 따라 자신이 판단하고 행동할 수 있는 직원을 원하기 때문이다. 그러나 지나치게 자신의 의견만을 고집한다면 이는 팀원 간의 불화를 야기할 수 있으며 팀 체제에 악영향을 미칠 수 있으므로 선호하지 않는다는 것에 유념하여 답해야 한다.

⑥ 근무지가 지방인데 근무가 가능합니까?

근무지가 지방 중에서도 특정 지역은 되고 다른 지역은 안 된다는 답변은 바람직하지 않다. 직장에서는 순환 근무라는 것이 있으므로 처음에 지방에서 근무를 시작했다고 해서 계속 지방에만 있는 것은 아님을 유의하고 답변하도록 한다.

(5) 여가 활용에 관한 질문

취미가 무엇입니까?

기초적인 질문이지만 특별한 취미가 없는 지원자의 경우 대답이 애매할 수밖에 없다. 그래서 가장 많이 대답하게 되는 것이 독서, 영화감상, 혹은 음악감상 등과 같은 흔한 취미를 말하게 되는데 이런 취미는 면접관의 주의를 끌기 어려우며 설사 정말 위와 같은 취미를 가지고 있다하더라도 제대로 답변하기는 힘든 것이 사실이다. 가능하면 독특한 취미를 말하는 것이 좋으며 이제 막 시작한 것이라도 열의를 가지고 있음을 설명할 수 있으면 그것을 취미로 답변하는 것도 좋다.

(6) 지원자를 당황하게 하는 질문

① 성적이 좋지 않은데 이 정도의 성적으로 우리 회사에 입사할 수 있다고 생각합니까?

　비록 자신의 성적이 좋지 않더라도 이미 서류심사에 통과하여 면접에 참여하였다면 기업에서는 지원자의 성적보다 성적 이외의 요소, 즉 성격·열정 등을 높이 평가했다는 것이라고 할 수 있다. 그러나 이런 질문을 받게 되면 지원자는 당황할 수 있으나 주눅 들지 말고 침착하게 대처하는 면모를 보인다면 더 좋은 인상을 남길 수 있다.

② 우리 회사 회장님 함자를 알고 있습니까?

　회장이나 사장의 이름을 조사하는 것은 면접일을 통고받았을 때 이미 사전 조사되었어야 하는 사항이다. 단답형으로 이름만 말하기보다는 그 기업에 입사를 희망하는 지원자의 입장에서 답변하는 것이 좋다.

③ 당신은 이 회사에 적합하지 않은 것 같군요.

　이 질문은 지원자의 입장에서 상당히 곤혹스러울 수밖에 없다. 질문을 듣는 순간 그렇다면 면접은 왜 참가시킨 것인가 하는 생각이 들 수도 있다. 하지만 당황하거나 흥분하지 말고 침착하게 자신의 어떤 면이 회사에 적당하지 않는지 겸손하게 물어보고 지적당한 부분에 대해서 고치겠다는 의지를 보인다면 오히려 자신의 능력을 어필할 수 있는 기회로 사용할 수도 있다.

④ 다시 공부할 계획이 있습니까?

　이 질문은 지원자가 합격하여 직장을 다니다가 공부를 더 하기 위해 회사를 그만 두거나 학습에 더 관심을 두어 일에 대한 능률이 저하될 것을 우려하여 묻는 것이다. 이때에는 당연히 학습보다는 일을 강조해야 하며, 업무 수행에 필요한 학습이라면 업무에 지장이 없는 범위에서 야간학교를 다니거나 회사에서 제공하는 연수 프로그램 등을 활용하겠다고 답변하는 것이 적당하다.

⑤ 지원한 분야가 전공한 분야와 다른데 여기 일을 할 수 있겠습니까?

　수험생의 입장에서 본다면 지원한 분야와 전공이 다르지만 서류전형과 필기전형에 합격하여 면접을 보게 된 경우라고 할 수 있다. 이는 결국 해당 회사의 채용 방침상 전공에 크게 영향을 받지 않는다는 것이므로 무엇보다 자신이 전공하지는 않았지만 어떤 업무도 적극적으로 임할 수 있다는 자신감과 능동적인 자세를 보여주도록 노력하는 것이 좋다.

02 면접기출

(1) 전공PT 면접

① 기업 현황에 대한 요약 재무제표를 보고 앞으로의 전략을 모색하라. (재무회계)

② 법인사업자가 가장 중요하게 내야하는 세금의 종류 3가지에 대해 설명하라. (재무회계)

③ 유형자산과 재고자산의 차이에 대해 설명하라. (재무회계)

④ 세금계산서와 계산서의 차이에 대해 설명하라. (재무회계)

⑤ 공헌이익률을 구하고 영향을 미치는 요소가 무엇인지 설명하라. (기획)

⑥ 영업이익률을 높이기 위해서 어떻게 해야 하는지 설명하라. (기획)

⑦ B2C 전환을 위한 전략을 4P에 맞게 설명하라. (마케팅)

⑧ 석유화학의 계통도를 설명하라. (화공생산)

⑨ 베르누이 법칙, 열법칙, 보일 샤를의 법칙에 대해 설명하라. (생산관리)

(2) 인성면접

① 자기소개를 해보시오.

② 지원 동기는 무엇인가?

③ 학점이 높은 편인데 따로 관리한 방법이 있으면 말해보시오.

④ 인생의 목표가 무엇인가?

⑤ 본인 이름에 담긴 의미는 무엇인가?

⑥ 요즘 사회현상 중 위험하다고 생각하는 것이 있는가?

⑦ 정년 연장에 대해 어떻게 생각하는가?

⑧ 상사가 금연구역에서 흡연을 한다면 어떻게 할 것인가?

⑨ 여성의 군복무의무제 법안 추진에 대하여 어떻게 생각하는가?

⑩ 자신의 목숨보다 더 소중한 것이 있는가? 있다면 그 이유를 말해보시오.

⑪ 밀가루공장에서 분진폭발이 일어났는데 그 이유는?

당신의 꿈은 뭔가요?

MY BUCKET LIST !

꿈은 목표를 향해 가는 길에 필요한 휴식과 같아요.

여기에 당신의 소중한 위시리스트를 적어보세요. 하나하나 적다보면 어느새 기분도

좋아지고 다시 달리는 힘을 얻게 될 거예요.

- ☐ _____
- ☐ _____
- ☐ _____
- ☐ _____
- ☐ _____
- ☐ _____
- ☐ _____
- ☐ _____
- ☐ _____
- ☐ _____
- ☐ _____
- ☐ _____
- ☐ _____
- ☐ _____
- ☐ _____
- ☐ _____
- ☐ _____
- ☐ _____
- ☐ _____
- ☐ _____
- ☐ _____
- ☐ _____
- ☐ _____
- ☐ _____
- ☐ _____
- ☐ _____

- ☐ _____
- ☐ _____
- ☐ _____
- ☐ _____
- ☐ _____
- ☐ _____
- ☐ _____
- ☐ _____
- ☐ _____
- ☐ _____
- ☐ _____
- ☐ _____
- ☐ _____
- ☐ _____
- ☐ _____
- ☐ _____
- ☐ _____
- ☐ _____
- ☐ _____
- ☐ _____
- ☐ _____
- ☐ _____
- ☐ _____
- ☐ _____
- ☐ _____
- ☐ _____

창의적인 사람이 되기 위해서

정보가 넘치는 요즘, 모두들 창의적인 사람을 찾죠.
정보의 더미에서 평범한 것을 비범하게 만드는 마법의 손이 필요합니다.
어떻게 해야 마법의 손과 같은 '창의성'을 가질 수 있을까요. 여러분께만 알려 드릴게요!

01. 생각나는 모든 것을 적어 보세요.

아이디어는 단번에 솟아나는 것이 아니죠. 원하는 것이나, 새로 알게 된 레시피나, 뭐든 좋아요.
떠오르는 생각을 모두 적어 보세요.

02. '잘하고 싶어!'가 아니라 '잘하고 있다!'라고 생각하세요.

누구나 자신을 다그치곤 합니다. 잘해야 해. 잘하고 싶어.
그럴 때는 고개를 세 번 젓고 나서 외치세요. '나, 잘하고 있다!'

03. 새로운 것을 시도해 보세요.

신선한 아이디어는 새로운 곳에서 떠오르죠. 처음 가는 장소, 다양한 장르에 음악, 나와 다른 분야의 사람.
익숙하지 않은 신선한 것들을 찾아서 탐험해 보세요.

04. 남들에게 보여 주세요.

독특한 아이디어라도 혼자 가지고 있다면 키워 내기 어렵죠.
최대한 많은 사람들과 함께 정보를 나누며 아이디어를 발전시키세요.

05. 잠시만 쉬세요.

생각을 계속 하다보면 한쪽으로 치우치기 쉬워요. 25분 생각했다면 5분은 쉬어 주세요.
휴식도 창의성을 키워 주는 중요한 요소랍니다.